Die 11 Puzzle-Teile des Erfolges –
Warum positives Denken alleine zu wenig ist und worauf es wirklich ankommt

Wie erzielt man den gewünschten Erfolg?

Berühmte Persönlichkeiten meinen:

„Der Preis des Erfolges ist Hingabe, harte Arbeit und unablässiger Einsatz für das, was man erreichen will." (Ein Zitat von Frank Lloyd Wright)

„Wer sich die richtigen Ziele setzt, kann nur gewinnen." (Ein Zitat von Marc M. Galal)

„Beginne mit dem Notwendigen, dann tue das Mögliche -und plötzlich wirst Du das Unmögliche tun." (Ein Zitat von Franz von Assisi)

„Erfolg hat nur, wer etwas tut, während er auf den Erfolg wartet." (Ein Zitat von Thomas Alva Edison)

„Der Langsamste, der sein Ziel nicht aus den Augen verliert, geht noch immer geschwinder, als jener, der ohne Ziel umherirrt." (Ein Zitat von Gotthold Ephraim Lessing)

„Nur wer sein Ziel kennt, findet den Weg." (Ein Zitat von Laozi)

Und was glauben Sie?

Aberger Manuela, Widmoser Andreas

Die 11 Puzzle-Teile des Erfolges – Warum positives Denken alleine zu wenig ist und worauf es wirklich ankommt

Impressum

Bibliografische Information der Deutschen Nationalbibliothek:
Die Deutsche Nationalbibliothek verzeichnet diese Publikation in
der Deutschen Nationalbibliografie; detaillierte bibliografische
Daten sind im Internet über http://dnb.dnb.de abrufbar.

Herstellung und Verlag:
BoD - Books on Demand, Norderstedt
ISBN: 9783735720177

Inhaltsverzeichnis

Vorwort

Bereits in den Anfängen der Menschheitsgeschichte hat sich herauskristallisiert, dass es unterschiedliche Arten von Menschen auf der Welt gibt. Einerseits sind da jene, die machen können, was sie wollen und trotzdem nie ein Stück Erfolg erzielen, andererseits existiert die Gruppe von Leuten, die zunächst einmal sehr erfolgreich sind, dann aber plötzlich abstürzen und sich daraufhin schnell wieder aufrappeln und auf der Erfolgsleiter wieder weiter nach oben streben, bis sie am Ende erneut abstürzen. Und zu guter Letzt sind da noch die echten Erfolgsmenschen, denen alles in den Schoß zu fallen scheint und die ohne große Anstrengung Erfolge im Beruf, im Privatleben und in der Gesellschaft erzielen.

Irgendwann im Leben fragt man sich schließlich, warum man zu einer dieser Gruppen zählt und ob man es wohl nie schaffen wird, in die Gruppe der Erfolgsmenschen aufzusteigen. Dann beginnt man damit, alle möglichen Schriften zu wälzen. Jene Menschen, die scheinbar ein Allheilmittel für den Erfolg zu haben scheinen, sind schließlich immer gerne dazu bereit, ihre Weisheiten zu teilen. Ob diese guten Ratschläge aber auch zur eigenen Situation passen und dem Leser den richtigen Weg zum Erfolg aufzeigen, ist häufig fraglich.

Nachdem wir selbst genau diesen Weg gegangen sind, wurde uns bewusst, dass Erfolg eine sehr persönliche Sache darstellt, ebenso wie der Weg dorthin. Trotzdem kann man Gemeinsamkeiten erkennen, die einem in ihrer Kombination einen Schubs in die richtige Richtung geben. Dieses Buch ist als ein Denkanstoß zu betrachten, nicht aber als Allwissen im Hinblick auf Erfolg. Sie als Leser/in werden bei der Lektüre dieses Buches einige Punkte entdecken, die für Sie persönlich anwendbar sind, aber auch welche, die Ihren individuellen Fähigkeiten und Charaktereigenschaften vielleicht völlig widersprechen.

Eines jedoch ist für uns eindeutig: Der Glaube an den eigenen Erfolg ist der erste Schritt zu dessen Verwirklichung. Allerdings bedarf dieser bevorstehende Erfolg auch einer genauen Planung. Hilfsmittel für den Erfolg wie beispielsweise ein professioneller Business-Organizer sind genauso wichtig, wie die Zielsetzung und die eigene Einstellung zum Erfolg. Diese Erkenntnis wird auch Sie als Leser/in die richtige Abzweigung auf dem Weg zum Erfolg nehmen lassen. Finden auch Sie Ihren eigenen Weg zu Ihrem persönlichen Erfolg. Mit Hilfe dieses Buches und eines bestimmten Business-Organizers, auf den Sie im Laufe der Lektüre dieses Buches immer wieder stoßen werden, werden auch Sie es schaffen, in Ihrem Leben mehr Erfolge zu erzielen. Dies gilt im Beruf und im Studium gleichermaßen wie in privaten Angelegenheiten.

Für jene LeserInnen, die bisher noch nicht wissen, was genau ein Business-Organizer ist, möchten wir das Produkt im Folgenden ein wenig beschreiben, um euch ein Bild hiervon zu vermitteln. Ein Business Organizer (insbesondere der in diesem Buch Vorgestellte) bietet Ihnen für die Planung und Umsetzung Ihrer Ziele ein optimales Werkzeug. Betrachten Sie ihn als ein Mittel, der Sie täglich auf Neue dazu motiviert, das zu tun, was Sie für das Erreichen Ihrer Ziele tun müssen, indem Sie mit seiner Hilfe herausfinden, warum Sie Ihre Ziele überhaupt erreichen möchten. Der Business Organizer bietet Ihnen die Möglichkeit, Ihre Arbeitszeit zu verwalten, Ihre Termine einzutragen und jederzeit wieder abrufen zu können, Ihre Ziele zu visualisieren und zu planen sowie diverse weitere Funktionen, die für das Erreichen Ihres Erfolges unabdingbar sind. Wo Sie den besagten Organizer für die praktische Anwendung erwerben können, können Sie auf der letzten Seite dieses Buches einsehen.

Viel Spaß beim Lesen und vor allem eine erfolgreiche Umsetzung Ihrer Träume und Ziele wünschen Ihnen die Autorin und der Autor dieses Buches: Manuela Aberger und Andreas Widmoser

Kapitel 1 Die Grundlagen des Erfolgs

Grundsätzlich scheint Erfolg eine geheimnisvolle Geschichte zu sein. Doch eigentlich wissen Menschen bereits seit Jahrtausenden, wie ein erfolgreiches Leben erreicht werden kann. Nur haben es einige von uns einfach vergessen. Unser Unterbewusstsein allerdings hat all das Wissen, das wir für den Erfolg benötigen, ganz tief in uns abgespeichert. Alle Menschen können sich die Grundlagen des Erfolgs also im Grunde jederzeit wieder neu erschließen.

1.1 Unterbewusstsein und Gewohnheitsmuster

Das Unterbewusstsein steuert unser Leben, ohne dass wir selbst uns eigentlich darüber im Klaren sind. Dies zeigt sich bereits darin, dass viele Dinge ganz automatisch und selbstverständlich ablaufen, ohne dass der Mensch lange darüber nachdenken müsste. Hierzu gehören beispielsweise das Radfahren oder das Autofahren, welches man, einmal gelernt, nie wieder verlernt, auch wenn man seit vielen Jahren nicht mehr damit gefahren ist. Unser Bewusstsein ist so angelegt, dass es viele Dinge im Unterbewusstsein ablegt, damit es sich mit anderen wichtigeren Dingen beschäftigen kann und nicht ins absolute Chaos abstürzt.

Erlernt der Mensch eine neue Tätigkeit, so muss sich das Bewusstsein am Anfang natürlich auf jede Kleinigkeit konzentrieren. Durch viele Wiederholungen entstehen nun Gewohnheitsmuster, die im Unterbewusstsein gespeichert werden. Diese Gewohnheitsmuster können immer dann abgerufen werden, wenn dieselbe Tätigkeit wieder ausgeführt werden muss und laufen im Anschluss ganz automatisch ab, ohne dass der Mensch sich noch hundertprozentig auf seine Aufgabe konzentrieren muss.

Die geeigneten Gewohnheitsmuster für Ihren Erfolg zu erarbeiten, ist der erste Schritt, um auf Dauer erfolgreich zu werden. Beispielsweise könnte ein solches Gewohnheitsmuster darin bestehen, grundsätzlich über alle wichtigen Gespräche Notizen in einem Business-Organizer zu hinterlegen oder jeden Termin gewissenhaft aufzulisten. Gewohnheitsmuster sind also für alle Lebenslagen wichtig und notwendig. Allerdings können Gewohnheitsmuster auch kontraproduktiv ausfallen, wenn sie nicht auf Erfolg ausgerichtet sind.

1.2 Den inneren „Schweinehund" besiegen

Haben Sie sich auch schon einmal gefragt, warum es eigentlich so schwer fällt, genau das zu bekommen, was Sie sich wirklich wünschen? Sich Ziele zu setzen und diese dann auch zu erreichen, sind zwei verschiedene Paar Schuhe. Und genau hier können falsche Gewohnheitsmuster das Problem darstellen.

Nehmen wir einmal an, jemand hat es sich zur lieben Gewohnheit werden lassen, nach dem Essen eine Zigarette zu rauchen. Nun möchte er aber eigentlich mit dem Rauchen aufhören. Nach dem Essen wird eine innere Stimme diese Person nun immer wieder dazu aufrufen, eine Zigarette anzuzünden. Das Unterbewusstsein meldet sich hier zu Wort. Dabei kommt es zu einem schwer überwindbaren Konflikt zwischen dem bewusst Gewollten (nämlich dem Wunsch, das Rauchen aufzugeben) und dem unterbewusst Erlernten (nach dem Essen sollst du rauchen).

Dem Unterbewusstsein zu widersprechen, ist bei Weitem das Schwerste, was man sich vorstellen kann und so lassen die konstant widersprüchlichen Ansprüche von Unterbewusstsein und Bewusstsein einen Erfolg kaum zu. Da hilft häufig auch die größte Willensstärke nichts und man fällt in alte Verhaltensmuster zurück. Die bewussten Ziele, die sich dieser Mensch gesetzt hat, bleiben auf Dauer auf der Strecke. Daher ist es wichtig, dass Sie sich über Ihre eigenen Gewohnheiten klar werden und Ihr Unterbewusstsein zunächst einmal neu programmieren, bevor Sie Ihren eigentlichen Zielen entgegenstreben können.

1.3 Zielsetzungen

Für die Erreichung des persönlichen Erfolges ist es zunächst wichtig, genau zu wissen, wie dieser Erfolg in Zukunft aussehen soll. Dafür ist neben der inneren Einstellung eine genaue Planung ausschlaggebend. Denn nur festgesetzte Ziele werden auch erreicht. Mit Hilfe eines Business-Organizers, wird es Ihnen leicht fallen, eine genaue Zielplanung zu erstellen. Besonders wichtig ist es, Ihr Ziel genau zu formulieren und dessen Erreichung zeitlich einzugrenzen.

Sicherlich denken sich jetzt viele von Ihnen, dass es doch kein großes Problem sein kann, ein Ziel zu finden und zu formulieren. Allerdings ist dies keine ganz so einfache Übung, wie man es sich zunächst vielleicht vorstellt. Viele Menschen machen Fehler bei der Zielformulierung, was dazu führt, dass diese Menschen ihre Ziele nie erreichen und große Vorsätze auf der Strecke bleiben. Daher ist es für Sie als Person, die ihr Ziel unbedingt erreichen will, besonders wichtig zu wissen, wie ein Ziel aussehen muss, damit Sie es mit großer Wahrscheinlichkeit auch erreichen können.

Die erste Grundregel besteht darin, sich ein realistisches Ziel zu setzen, das konkret und positiv aufgebaut ist. Dieses Ziel soll also erreichbar sein und Sie sollen genau wissen, wie es aussehen wird. Zu hoch gesteckte Ziele sind nicht zu erreichen und führen dazu, dass man schnell enttäuscht wird und es aufgibt, kontinuierlich an der Erreichung des Ziels zu arbeiten.

Ziele, die wie folgt formuliert werden:

- Nie mehr verletzt werden!
- Die Kinder nicht mehr anschreien!
- Kein Geld mehr unnütz ausgeben!
- Sich selbst nicht mehr unter Druck setzen!
- Nie wieder enttäuscht werden!
- Sich nie wieder abgelehnt fühlen!
- Immer gut drauf sein!
- Nicht mehr arm sein!

sind wenig hilfreich, da diese Ziele entweder unerreichbar sind und/oder negativ formuliert wurden.

Das Ziel „Ich will reich werden" ist zwar ein klares und positiv formuliertes Ziel, das jedoch viel zu allgemein gefasst ist. Richtig wäre es, sich ein klares Ziel zu setzen, z.B. „Ich werde in den

nächsten vier Wochen meinen Verdienst auf x-Euro erhöhen"
oder „ich werde innerhalb von einer Woche x-Euro verdienen".
Ein unrealistisch hohes Ziel bringt nicht den gewünschten Erfolg,
da der Mensch sehr schnell enttäuscht ist, weil er dieses Ziel eben
nicht erreichen kann. So laufen Sie Gefahr, sich selbst als Loser
zu fühlen und sich nicht mehr um eine Veränderung der Situation
zu bemühen.

Negative Formulierungen bei der Zielsetzung, welche selbst ja
schon eine Verneinung beinhalten, sind ebenfalls nicht geeignet,
um ein Ziel darzustellen. Unser Gehirn hat die Angewohnheit,
sich eine Verneinung nicht vorstellen zu können. Das Gehirn
wird immer in der „Ja"-Form denken und erst nach geraumer Zeit
wird es sich daran erinnern, dass es genau dies ja nicht tun sollte.
Bis unser Gehirn diesen Sachverhalt erkannt hat, vergeht viel Zeit
und der Weg dorthin gestaltet sich umständlich. Konkret und positiv formulierte Ziele ersparen dem Gehirn viel Zeit und Mühe
und machen uns schneller handlungsfähig. Entsprechend wird es
auch leichter, eine konkrete Handlung, die für die Erreichung
eines Ziels notwendig ist, auszuführen. Neben Verneinungen sollten auch Wörter wie „immer" oder „nie" bei der Formulierung
von Zielen vermieden werden, da das Ziel dadurch einen unrea-
listischen Charakter erhält.

Beispiel:

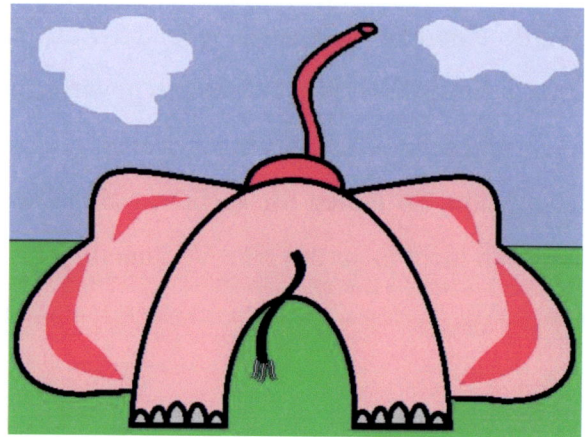

Wenn man nicht an einen rosa Elefanten denken soll, was denkt man dann?

Eine zweite Regel bei der Zielsetzung lautet, dass das gesetzte Ziel durch die Person selbst kontrollierbar sein sollte. Bei der Auswahl eines Ziels müssen Sie also darauf achten, dass Sie selbst für dessen Erreichung zuständig sind und Sie sich nicht auf ein Gegenüber wie die Freundin, den Partner, den Chef, den Mitarbeiter oder die Arbeitskollegin verlassen müssen. Schließlich können Sie auf deren Verhalten keinen Einfluss nehmen. Ein Ziel wie „ich möchte, dass mein Partner mich nicht mehr betrügt" ist schlicht und einfach deshalb schon unrealistisch, weil Sie dafür Ihren Partner ändern müssten und nicht sich selbst.

Die nächste Regel bezieht sich auf die Erreichung des Ziels. Stellen Sie sich konkret vor, wie Sie Ihr persönliches Ziel erreichen möchten. Denn jedes noch so gut formulierte Ziel nützt Ihnen überhaupt nichts, wenn Sie nicht wissen, wie Sie es erreichen können. Die Frage ist also, was brauchen Sie an Hilfsmitteln wie etwa den bereits erwähnten Business-Organizer und an Voraussetzungen, um das Ziel zu erreichen? Haben Sie selbst keine genaue Vorstellung davon, wie das Ziel erreicht werden kann, so ist es hilfreich, sich bei Dritten Rat einzuholen, die dieses Ziel bereits erfolgreich gemeistert haben.

Noch eine Regel: Es soll präzise und konkret formuliert werden, wann das neue Verhalten beginnen und wie lange und wie häufig es ausgeübt werden soll. Gute Absichten müssen nämlich in konkretes Verhalten umgesetzt werden. Am Leichtesten gelingt dies, wenn Sie genau festlegen, wann und in welcher Situation und zu welcher Zeit ein bestimmtes Verhalten notwendig ist. Leute, die beispielsweise eine Kontaktschwäche bekämpfen möchten, können Ihr Ziel wie folgt formulieren:

„Ich möchte anderen Menschen offen entgegentreten und diese ansprechen. Bei jedem Einkauf im Supermarkt spreche ich jemanden in der Schlange, eine Verkäuferin oder die Kassierin an.

Ich gehe mindestens drei Mal die Woche einkaufen und spreche dabei Menschen an. "

Mit der nächsten Regel formulieren Sie genau, was Sie tun möchten, wenn zum vorgenommenen Zeitpunkt das gesetzte Ziel noch nicht erreicht wurde. Selbst wenn Sie sich noch so sehr vornehmen, einen bestimmten Vorsatz einzuhalten, so müssen Sie doch immer damit rechnen, dass es aus den unterschiedlichsten Gründen dazu kommen kann, dass Sie scheitern und aufgeben. Manchmal sind die negativen Verhaltensmuster einfach zu stark verwurzelt. Dann ist es gut, wenn Sie sich für diese Situation gleich eine Lösung zurechtgelegt und mit eingeplant haben. So können Sie beispielsweise am gleichen Tag die geplante Tätigkeit nachholen oder am nächsten Tag die doppelte Arbeitszeit investieren.

Zum guten Schluss sollten Sie sich auf mögliche Hindernisse vorbereiten. Alle Eventualitäten, die eine Umsetzung des Ziels verhindern könnten und sämtliche Maßnahmen, die Sie am Ziel hindern könnten oder zu dessen Aufgabe verleiten könnten, sollten Berücksichtigung finden.

Machen Sie sich also über Ihre persönlichen Ziele so viele Gedanken, wie nötig und fixieren Sie den Weg bis zum Erreichen des Ziels genau. Erfolgreiche Menschen planen in unterschiedlichen Zeitschritten. So erlaubt der Business-Organizer eine übersichtliche tägliche, wöchentliche und monatliche Planung aller zu erreichenden Ziele und hilft Ihnen auf dem Weg zum Erfolg.

Beginnen Sie zunächst mit einer Liste all jener Dinge, die Sie in der näheren Zukunft und auch auf lange Sicht erreichen möchten. Dann planen Sie die zeitlich näher liegenden Ziele in kleinen Schritten ein. Wichtig bei der Planung ist, dass Sie sich nicht übernehmen. Denn zu hoch gesetzte Ziele, die nicht erreichbar sind, wirken sich kontraproduktiv aus. Wollen Sie sicher ans Ziel gelangen, dann planen Sie in angemessenen Schritten.

1.4 Unterschiedliche Erfolgskonzepte

Jeder Mensch, der anderen einen Weg zum Erfolg eröffnen möchte, hat seine eigenen Strategien. So gibt es wohl auch keinen allgemein gültigen Ansatz. Der Weg zum Erfolg ist so individuell, wie der Mensch, der ihn beschreiten möchte. Trotzdem gibt es natürlich Erfolgskonzepte, die alle einen realistischen Hintergrund aufweisen. Die Frage, welches Erfolgskonzept für Ihre persönliche Situation das geeignetste ist, können Sie sich allerdings nur selbst beantworten. Wir möchten Ihnen im Rahmen dieses Buches einige bekannte Erfolgskonzepte näher vorstellen.

Kapitel 2 The Secret (das Geheimnis) - das Gesetz der Anziehung

In vielen Erfolgsseminaren wird gepredigt, dass positives Denken den Erfolg ausmacht. Stimmt. Zum Teil jedenfalls. Doch positives Denken allein ist nicht ausreichend. Gedanken haben eine besondere Macht. Allerdings auch im negativen Sinne.

Das durch das gleichnamige Buch oder den gleichnamigen Film von Rhonda Byrne aufgedeckte Geheimnis zeigt genau diese Gedankenmacht durch das „Gesetz der Anziehung". Ganz einfach ausgedrückt, geht es beim „Gesetz der Anziehung" darum, dass der Mensch genau die Dinge in sein Leben holt, an die er denkt. Wie gesagt, kann es sich dabei entweder um positive oder um negative Dinge handeln. Entsprechend können sich Gedanken, wenn sie richtig eingesetzt werden, wirkungsvoll auf den eigenen Erfolg auswirken.

Durch bestimmte energetische Schwingungen, die jeder Gedanke auslöst, zieht der Mensch, der eine positive Grundhaltung hat und fröhlich und optimistisch durchs Leben geht, ebenso positive Dinge in sein Leben. Frustrierte, depressive oder ängstliche Gedanken hingegen haben zur Folge, dass man auch nur solche negativen Zustände in seinem Leben zu erwarten hat. Nun reicht es allerdings nicht aus, einmal zu denken, dass man einen roten Ferrari besitzen möchte. Eine gewisse Beständigkeit und emotionale Aufrichtigkeit in den Gedanken ist notwendig, damit sich dieser Wunsch auch manifestiert und schließlich erfüllt.

Frei nach dem Motto „Der Glaube kann Berge versetzen" können Gedanken, die immer wieder auf das angestrebte Ziel ausgerichtet und positiv unterstrichen werden, dazu führen, dass sich diese Wünsche mit Leichtigkeit erfüllen lassen. Allerdings reichen einzig positive Gedanken und die Manifestierung der Wünsche nicht aus. So wird allein der Gedanke ans Geldverdienen noch kein Geld in die Kasse bringen. Es bedarf schon einer tatkräftigen Unterstützung der eigenen Gedanken. Doch wer seine Gedanken gemäß dem Gesetz der Anziehung in die richtigen Bahnen zu lenken versteht, wird schnell feststellen, dass automatisch die entsprechenden, notwendigen Planungen mit dem Business-Organizer, die motivierten Arbeitstechniken und der Spaß am Geldverdienen geweckt werden.

2.1 Gesetz der Anziehung in der Anwendung

Das Prinzip der Anziehung muss ernsthaft praktiziert werden, um Ziele und Wünsche zu manifestieren. Im alltäglichen Leben kann die Fokussierung der Gedanken und Wünsche wichtig sein. Es hilft, wenn Sie diese schriftlich im Business-Organizer festhalten und sie sich immer wieder vor Augen führen. Die Umsetzung kann in drei Schritten erfolgen:

- Erschaffung einer positiven Gefühlswelt
- Visualisierungen
- Positive Affirmationen

Konkret bedeutet dies: Wenn ein Mensch etwas Bestimmtes erreichen will, so muss er positiv denken und fest an dessen Erfüllung glauben. Zusätzlich ist es wichtig, sich den Wunsch bildlich vorstellen zu können und ihn in Gedanken zu erleben, bis er zum Greifen nah erscheint. Damit man sich selbst immer wieder gut zureden kann, um den Wunsch erfüllt zu bekommen, sollte man diesen möglichst schriftlich im Business-Organizer fixieren und ihn sich immer wieder vor Augen führen.

Nun könnte man meinen, man hätte endlich ein Rezept gefunden, um den zukünftigen persönlichen und beruflichen Erfolg zu steuern. Wer akribisch positives Denken praktiziert und alle Regeln und Vorgaben befolgt, wird allerdings feststellen, dass es ganz so einfach dann doch nicht ist. Theorie und Praxis sind eben doch nicht immer eins und die korrekte Umsetzung ist definitiv schwierig.

Insbesondere, wenn man sich in einer Situation befindet, die man beim besten Willen nicht als positiv betrachten kann, ist es umso schwieriger, positive Gedanken zu entwickeln. Häufig ist man nicht dazu in der Lage, ein Stimmungstief, das man gerade durchlebt und welches mit Ängsten, Zweifeln und negativen äußeren Umständen verknüpft ist, effektiv und konstant in positive Gedanken umzuwandeln. Da meldet sich immer wieder die kleine, innere Stimme zu Wort, die der Meinung ist, dass man es nicht schafft, und lässt sich einfach nicht den Mund verbieten.

Wozu führt dies in den meisten Fällen? Stimmt! Man gibt kurz vor der Ziellinie auf. Wenn man die negativen Gedanken nicht abstellen kann, kapituliert man, wie bei so vielen Dingen im Leben relativ schnell. Und genau an dieser Stelle hilft nur eines: Durchhalten bzw. noch einmal von vorne beginnen. Lesen Sie sich Ihre Wünsche im Business-Organizer immer wieder durch und verstärken Sie sich diese positiv! Nur so kann es gelingen.

2.2 Die Hindernisse

Viele Menschen investieren eine Menge Geld, in der Hoffnung, endlich den richtigen Weg gefunden zu haben und dann wird wieder nichts daraus. Doch wieso ist das so? Wo ist der Haken des Geheimnisses? Oder liegt es vielleicht doch an einem selbst und man ist unfähig?

Tja, der Haken ist ein ganz entscheidender Faktor. Das Gesetz der Anziehung und die Umsetzung werden immer sehr einfach darge- stellt, nur berücksichtigen diese Darstellungen selten die eigentli- che Herausforderung, der jeder Mensch tagtäglich ausgesetzt ist. Schließlich schafft es unserer Meinung nach kein Mensch auf dieser Welt, kontinuierlich positive Gedanken zu haben. Es liegt in der Natur unseres Unterbewusstseins begründet, dass innere Blockaden aufgebaut werden bzw. solche bereits seit unserer Kindheit bestehen.

Einzig und allein positiv zu denken kann also folglich niemals zum Erfolg führen, da es positives Denken in der Reinform nicht gibt. Jeder noch so positiv denkende Mensch wird irgendwann einmal eine negative Gefühlsregung oder negative Gedanken entwickeln. Daher ist es essenziell, zunächst zu erkennen, wo die inneren Blockaden und negativen Einflüsse sind und diese umgehen zu lernen.

Das Geheimnis ist also, dass eigentlich von den „Wissenden" keine genaue Anleitung gegeben wird, wie diese inneren Blockaden aufgelöst werden können. Entsprechend ist eine erfolgreiche Umsetzung des Gesetzes der Anziehung meist zum Scheitern verurteilt. Und auf die Euphorie folgt schnell die Frustration, sodass die meisten Leute aufgeben, bevor sie ihr großes Ziel erreicht haben.

Im Prinzip ist die Umsetzung des Geheimnisses vergleichbar mit einem Puzzle, bei dem zum vollständigen Bild ein Puzzleteilchen fehlt. Dieses Teilchen wäre die Antwort auf die Frage: *„Wie geht man mit eventuellen negativen Strömungen und Gedanken um?"* Einfach verdrängen kann man diese tief sitzenden Blockaden und negativen Gedanken schließlich nicht. Und sie einfach so mit positiven Gedanken wegzudenken, funktioniert ebenso wenig.

Natürlich gibt es auch „gute" Tage, an denen wir denken, es zu schaffen. Doch bereits am nächsten Tag holen uns die persönlichen Dämonen wieder ein. Schon sind die negativen Schwingungen wieder da, mit denen wir nicht wirklich umgehen können und machen alles positive Denken wieder zunichte.

Wollen Sie also ein richtig großes Ziel erreichen, dann sollten Sie sich nicht allein auf Ihre positiven Gedanken verlassen. Einen Meilenstein in der persönlichen Erfolgsgeschichte erreichen Sie nur dann, wenn Sie das positive Denken als Bruchstück des Ganzen betrachten. Zugegeben, es handelt sich um ein wichtiges Puzzleteil, aber eben nicht um das Einzige. Wenn für den Erfolg der richtige Umgang sowohl mit positiven, aber vor allem auch mit negativen Gedanken wichtig ist, bleibt die Frage: *„Wie gehe ich mit meinen Gedanken, die mich daran hindern, meine Ziele zu erreichen, um?"*

Ideenprozess© fotogestoeber - Fotolia.com

Kapitel 3 Selbstbewusstsein - ein wichtiger Punkt

Selbstbewusstsein ist ein tief sitzendes Gefühl. Im Idealfall hat man ein gesundes Maß an Selbstbewusstsein, doch in den meisten Fällen liegt der Hase bei erfolglosen Menschen genau hier begraben. Für mehr Erfolg kann es daher wichtig sein, das eigene Selbstbewusstsein unter die Lupe zu nehmen, es aufzubauen und zu stärken.

Mangelndes Selbstbewusstsein führt dazu, dass der Mensch sich selbst für minderwertig hält. Entsprechend traut sich diese Person natürlich nichts oder nur wenig zu. Alles, was sich positiv auf das eigene Leben auswirken könnte, wird zunächst pessimistisch von allen Seiten durchdacht bzw. kaputt argumentiert. Schließlich hält das ängstliche Begutachten den Menschen davon ab, grundlegende Veränderungen zuzulassen, die für den Erfolg aber zwingend notwendig wären.

Ständige Zweifel die eigenen Fähigkeiten betreffend und die stets vorhandene Angst vor dem Versagen, lähmen und hindern den Menschen daran, die Person zu sein, die sie eigentlich gerne sein würde. Dies beginnt häufig bereits in sehr frühen Jahren. Schon im Kindesalter entscheidet sich, ob man ein geringes Selbstbewusstsein oder vielmehr eine große Portion davon mitbekommen hat. Spätestens dann, wenn man sich mit dem Schulabschluss entscheiden muss, wie es im Leben weitergehen soll und man eigentlich noch überhaupt keinen Plan hat, werden die Weichen gestellt. Die meisten Menschen kennen aus ihrer Vergangenheit diesen Zeitpunkt, an dem die Angst vorherrscht, die gewohnte Umgebung zu verlassen und in einem völlig unbekannten Umfeld auf sich allein gestellt zu sein. Kein Wunder, wenn da Versagensängste zu Tage treten. Häufig wählt man dann den Weg des geringsten Widerstands, nur um die gewohnte Umgebung und Sicherheit nicht verlassen zu müssen, selbst wenn man ganz tief in sich spürt, dass dieser Weg nicht der Erfolgreichste sein dürfte.

Häufig zählt in dieser Zeit natürlich auch die Meinung anderer Personen wie jene der Eltern, die aus verständlichen, wenn auch rein egoistischen Gründen, die jungen Menschen zum Bleiben motivieren. Während die Freunde die große Welt erkunden oder zumindest in andere Städte ziehen, um weit weg von Familie und Freunden eigene Erfahrungen sammeln und Neues erleben zu können, traut man sich selbst dies nicht zu und bleibt lieber bei dem, was man kennt, als irgendein Risiko einzugehen.

Wird ein junger Mensch von seiner Umgebung darin bestärkt, sich seinen eigenen Hemmungen, Versagensängsten und Minderwertigkeitskomplexen zu stellen, so werden sich diese Blockaden nicht tief in ihm verwurzeln. Der Grundstein für ein geringes Selbstwertgefühl wird also bereits in der frühsten Kindheit gelegt und kann mit oder ohne jegliche Absicht vom unmittelbaren Umfeld wie Eltern, Lehrer, Verwandtschaft und Freunde negativ beeinflusst werden.

Kinder werden durch bestimmte Erlebnisse geprägt. Beispielsweise kann eine alltägliche Situation, in der ein kleines Kind quengelt und seiner Mutter während einer Unterhaltung ins Wort fällt, bereits Folgen zeigen. Die Mutter ist natürlich genervt und sagt: *„Sei endlich mal ruhig! Du störst!"* Für einen Erwachsenen wäre dies keine außergewöhnliche Situation, beim Kind kann es jedoch die Reaktion auslösen, dass es sich für unerwünscht hält und glaubt, dass das, was es zu sagen hat, eben nicht wichtig wäre. Oder der Vater weist sein Kind zurecht und sagt ihm, dass er gerade keine Zeit hat. Dies ist ebenfalls eine recht typische Reaktion von Eltern, die dem Kind ein Gefühl von Minderwertigkeit und Unzulänglichkeit suggerieren kann.

Ebenso schlecht ist es, wenn die Mutter aus Angst um ihr Kind jegliche Gefahren ausschließen möchte und dem Kind dauernd sagt, dass etwas für das Kind zu gefährlich ist oder es diese Sache nicht kann und Mama es besser für das Kind erledigen würde. Die Übervorsicht und Unsicherheit der Mutter überträgt sich auf das Kind, welches sich in der Folge nichts mehr zutraut und kein gesundes Selbstvertrauen entwickeln kann.

Solche oder ähnliche Erlebnisse können der Auslöser für Minderwertigkeitskomplexe, Hemmungen oder Angst vor Zurückweisung sein, die man auch im Erwachsenenalter noch mit sich herumträgt. Dieses geringe Selbstwertgefühl hemmt logischerweise den Erfolg der betroffenen Person und ist eine viel tiefer sitzende Blockade als der Normalsterbliche es sich vorstellen kann.

Kapitel 4 „Cybernetic Transposition"-Methode

Eine Erklärung für tief sitzende Blockaden wie mangelndes Selbstwertgefühl versuchen viele Fachleute innerhalb der so genannten „Cybernetic Transposition"-Methode zu geben. Man spricht hier von so genannten Zellerinnerungen.

Wissenschaftliche Untersuchungen haben gezeigt, dass auf der zellulären Ebene Erinnerungen verschlüsselt in Reihen von komplexen Neuronenverbindungen abgespeichert werden. Jede Zelle des menschlichen Körpers kann also vielfache Erinnerungen erfassen. Allein das Gehirn verfügt über rund 100 Milliarden neuronale Zellen und besitzt damit unglaublich viele Möglichkeiten, Erinnerungen zu speichern. Doch werden solche Zellerinnerungen nicht nur in den Gehirnzellen abgelegt, sondern jede einzelne Zelle des Körpers kann als externer Speicher für solche Erinnerungen dienen.

Die Geschichte des Australiers David Waters, der 2006 ein Spenderherz verpflanzt bekam, welches diesem schwer Herzkranken das Leben rettete, belegt die Fähigkeiten von Zellen, Erinnerungen zu speichern. Nach der Transplantation entwickelte David Waters ein unglaubliches Verlangen nach sogenannten Burger

Rings, einem Knabbergebäck mit Fleischgeschmack. Dies überraschte den Spenderherzempfänger sehr, denn vor der Transplantation hatte er niemals den Drang verspürt, dieses Knabbergebäck zu kaufen, geschweige denn es zu essen. Woher also kam diese plötzliche Vorliebe? Zwei Jahre nach der Transplantation sollte David Waters die Antwort auf diese Frage erhalten. Als er die Eltern des Spenders kennenlernte, deren Anliegen es war, den Träger des Herzens ihres geliebten Sohnes persönlich kennenzulernen, erfuhr David Waters, dass Burger Rings die absolute Lieblingsspeise des Herzspenders waren.

Diese Geschichte zeigt deutlich, dass menschliche Zellen über die Fähigkeit verfügen, Erinnerungen auch in Organen zu speichern, sodass diese selbst bei einer Transplantation erhalten bleiben und weitergegeben werden können. Zellerinnerungen entstehen auf der Ebene der eigenen Identität, das heißt, sie werden durch die Identifikation mit jemandem oder etwas ausgelöst. In den ersten neun Monaten des menschlichen Lebens, also im Mutterleib, identifiziert sich das kleine Wesen selbstredend sehr stark mit seiner Mutter. Dadurch werden die ersten Zellerinnerungen geprägt.

Diese Prägung durch Identifikation begleitet den Menschen auch im frühkindlichen Alter, wenn nahestehende Personen auf uns einwirken. Die kommunizierten Worte, ebenso wie die Taten dieser Personen, sind extrem bedeutend und prägend, sodass Kinder sie als Wahrheit annehmen. Und in gewissem Maße werden wir unser Leben lang von äußeren Einflüssen, mit denen wir uns identifizieren, beeinflusst. Was wir lernen, glauben, fühlen, also alles, was uns prägt, wird als eine Art Zellerinnerung hinterlegt.

Im Laufe des Lebens werden die Zellerinnerungen für das Individuum so natürlich, dass wir beispielsweise Minderwertigkeitsgefühle einfach als gegeben hinnehmen und das damit verbundene geringe Selbstbewusstsein als unveränderlich einstufen. Dies ist allerdings ein Trugschluss, denn wie jeder Speicher, können auch Zellerinnerungen zu gewissen Teilen umprogrammiert werden.

4.1 Selbstbewusstsein - wie kann man es verbessern?

Mangelndes Selbstbewusstsein ist keine unheilbare Krankheit, mit der man sich abfinden muss, sondern kann durchaus bekämpft werden. Im Prinzip verhält es sich beim Selbstbewusstsein ebenso wie bei den Gewohnheitsmustern, die irgendwann einmal im Unterbewusstsein angelegt wurden. Es muss also nun zunächst eine Umprogrammierung stattfinden, um ein gewünschtes Verhalten hervorrufen zu können.

Eine beliebte Methode, um das Selbstbewusstsein zu steigern, ist die Konfrontation mit sich selbst. Man muss sich an diesem Punkt genau mit dem auseinandersetzen, wovor man sich eigentlich immer gedrückt hat. Fühlt man sich in Gegenwart von fremden Personen gehemmt und ist man regelrecht kontaktscheu, weil man sich vor Zurückweisung fürchtet, so sollte man genau diese Situationen suchen und mit unbekannten Menschen in Kontakt treten. Beispielsweise könnte man auf der Straße Menschen ansprechen und versuchen, mit diesen ins Gespräch zu kommen oder sich einen Job als Verkaufsvertreter auf Provisionsbasis suchen, bei dem eine Kontaktaufnahme zu potentiellen Kunden unabdingbar ist.

Aus diesen Situationen resultierende positive Eindrücke und Erfolge wie nette Gespräche, Verkaufsabschlüsse oder positive Reaktionen jeglicher Art durch das Gegenüber führen letztendlich zu einer Stärkung des Selbstbewusstseins. Die neuen positiven Eindrücke helfen dabei, die alten Muster, die sich im Laufe der Zeit und insbesondere während der Kindheit aufgebaut haben, zu durchbrechen und zu ersetzen. Das Resultat ist ein gestärktes

Selbstbewusstsein. Dies geschieht selbstredend nicht von heute auf morgen, sondern erfordert Übung. Allerdings erfordert insbesondere der erste Schritt Überwindung, was bereits ein gewisses Maß an Selbstvertrauen voraussetzt.

Menschen, die über so gut wie kein Selbstvertrauen verfügen und deren Angst vor dem Versagen übermäßig groß ist, können diese riesige Hürde allerdings selten aus eigener Kraft überwinden. Hier muss zunächst an der inneren Einstellung gearbeitet werden, um mehr Selbstvertrauen aufzubauen und Blockaden zu lösen. Der Fachmann Stuart Lichtman hat in 30-jähriger Forschungsarbeit eine Methode, den so genannten Zellerinnerungs-Klärungs-Prozess, entwickelt, mit dem tiefsitzende Blockaden ebenso wie ein geringes Selbstbewusstsein nachhaltig gelöst werden können.

Dieser Prozess gliedert sich in zwei Schritte. Im ersten Schritt werden vergangene Erlebnisse, die Auslöser für das mangelnde Selbstbewusstsein sind, analysiert und gegen positive, stärkende Erlebnisse ersetzt. Im zweiten Schritt werden nun die eigentlichen Blockaden für immer aufgelöst.

In Schritt 1 tritt man mit seinem „wahren Ich" in Verbindung, welches den Teil unserer Persönlichkeit darstellt, der genau weiß, was für uns gut und richtig ist, also unser Gefühl für Integrität. Man bildet mit Hilfe des „wahren Ichs" ein Subpersönlichkeitsteam, welches verankert in unserem Unterbewusstsein zukünftig als Unterstützung dient, um selbstbewusst durchs Leben zu gehen. Dreimal täglich ist eine 2-Minuten-Übung notwendig, die durch unser „wahres Ich" bestimmt wird, um diese Methode zu perfektionieren. Schritt 2 beschreitet dann den so genannten Basis-Umgestaltungsprozess, der angewendet wird, um tief verwurzelte innere Blockaden endgültig zu lösen.

Mit dieser Methode ist es also möglich, das ursprüngliche Eigenbild, welches negativ, erfolgshindernd und selbstkritisch ist, zu korrigieren und das innere, in frühester Kindheit angelegte Programm, so zu umzuschreiben, dass ein völlig neues Selbstbewusstsein neu aufgebaut und gestärkt werden kann. Ist das Selbstbewusstsein erst einmal wiederhergestellt, so kommen die gewünschten Erfolge zustande. Minderwertigkeitsgefühle, Hemmungen und Ängste werden durch innere Sicherheit, Zuversicht und Akzeptanz ersetzt. Diese Methode sollten Sie sich unbedingt näher ansehen, wenn Sie das Gefühl haben an Ihrem Selbstbewusstsein arbeiten zu müssen.

4.2 Die Umsetzung der „Cybernetic Transposition"

Stuart Lichtman, der Entwickler der Methode mit Namen „Cybernetic Transposition", hat in über 30 Jahren Erfahrungen zusammen getragen und verspricht dem Anwender der Methode, dass sich Selbstzweifel, Ängste und andere negative Gefühle und Gedanken damit in Luft auflösen. Damit wird die Grundlage geschaffen, nie zuvor erreichte Ziele endlich erfolgreich umzusetzen.

Offiziell hat Stuart Lichtman diese Methode bereits mehr als 50.000 Menschen weltweit vermittelt und über 90 % der Kursteilnehmer, die die Methode anwendeten, hätten es bereits im ersten Versuch geschafft, ihre persönlichen Ziele zu erreichen. Das klingt sicher vielversprechend, doch fragt man sich natürlich, wie dies funktionieren soll.

Stuart Lichtman setzt voraus, dass Verhalten und Reaktionen in bestimmten Situationen, mit denen man im Leben konfrontiert wird, direkt aus dem Unterbewusstsein stammen. Das Unterbewusstsein stellt so etwas wie einen „Mega-Computer" dar, der Verhaltensmuster, die sich im Laufe des Lebens ausgebildet haben, speichert und automatisch abruft, wenn man in eine ähnliche Situation gerät.

Jeder Mensch hat sicher schon einmal erlebt, dass er in bestimmten Situationen wie bei einem Déjà-vu immer auf die gleiche Art und Weise reagiert. Selbst wenn man eigentlich einen bewusst anderen Weg beschreiten möchte, ist es häufig schwierig, sich gegen diese vorgegebene Verhaltensstruktur zu wehren. So kann beispielsweise der Duft von Pflaumenkuchen bei manchen Menschen ein Glücksgefühl und Unbeschwertheit auslösen, weil man in der Kindheit schöne Begebenheiten beim Pflaumenkuchenessen mit den Großeltern erlebt hat. Der Duft des Pflaumenkuchens löst diese Erinnerungen aus und man ist fest davon überzeugt, das gleiche Glücksgefühl mit dem Essen eines Stück Pflaumenkuchens wieder zu erleben.

Solange derartige Assoziationen und Verhaltensmuster mit dem übereinstimmen, was der Mensch auch wirklich möchte, gibt es auch keine Probleme und ist es völlig in Ordnung. Nur wenn ein Konflikt zwischen dem, was der Mensch will und dem, was die Situation in seinem Inneren auslöst, auftritt, wird es schwierig. Eine solche Konstellation kann nämlich sehr kontraproduktiv ausfallen.

Es bleibt die Frage, was in einem solchen Fall zu tun ist, um die Verhaltensmuster so zu verändern, dass sie mit dem Ziel übereinstimmen. Stuart Lichtmans Methode setzt sich aus drei Schritten zusammen, deren Techniken und Übungen, sofern sie konsequent befolgt werden, zum Ziel führen sollen.

Schritt 1: Ziel festlegen

Hierbei ist es wichtig, allen Aspekten unseres Unterbewusstseins deutlich zu verstehen zu geben, was die Person wirklich möchte. Bewusstsein und Unterbewusstsein sprechen allerdings nicht die gleiche Sprache, sodass die Zielvorstellung zunächst korrekt „übersetzt" werden muss. Stuart Lichtman hat dafür eine bestimmte Technik entwickelt.

Schritt 2: Ziel priorisieren

Nun heißt es, das Ziel nie aus den Augen zu verlieren, während die tagtäglichen Tätigkeiten zunächst wie gewohnt weitergehen. Da man nicht permanent bewusst auf ein Ziel fokussieren kann, ist es notwendig, dieses wirkungsvoll im Unterbewusstsein zu verankern.

Schritt 3: Innere Blockaden auflösen

Alle negativen Gefühle wie Ängste, Frustration, Aggressionen und Zweifel stehen dem Menschen im Weg, wenn es darum geht, seine Ziele zu erreichen. Im schlimmsten Fall lösen negative Gefühle sogar die vorzeitige Aufgabe des Zieles aus. Durch die konsequente Anwendung von Stuart Lichtmans Techniken können diese Blockaden gezielt überwunden und eine Harmonie zwischen dem Unterbewusstsein, dem Ursprung aller Denk- und Verhaltensweisen und dem, was die Person jetzt bewusst als neue Zielvorstellung will, hergestellt werden.

Das E-Book von Stuart Lichtman beschreibt die Techniken zwar detailliert. Alle Methoden und Techniken werden mit Fallbeispielen leicht verständlich gemacht. Die Techniken an sich sind einleuchtend und einfach auf den Punkt gebracht, obwohl man Ähnliches wahrscheinlich selten zuvor gehört hat. Die genaue Umsetzung allerdings sollte sich der Erfolgsinteressierte vielleicht im Rahmen eines Coachings näherbringen lassen.

Kapitel 5 Erfolgreiche Menschen - was macht sie aus?

Wer einmal einen genauen Blick auf das Treiben in seiner Umwelt wirft, wird feststellen, dass es drei Gruppen von Menschen gibt. Die erste Gruppe ist die Gruppe der Menschen, die mit wenig zufrieden sind und glücklich ein Dasein in Bescheidenheit und Unscheinbarkeit fristen. Die vielen Namenlosen, die auf ihre Art glücklich sind und ohne großes Aufsehen durchs Leben gehen, sind auch schnell vergessen, wenn sie diese Erde verlassen.

Die zweite Gruppe ist die Gruppe der ewig Mittelmäßigen. Diese Menschen sind weder reich noch arm, weder glücklich noch unglücklich, weder zufrieden noch unzufrieden und wundern sich eigentlich ständig, warum andere erfolgreicher sind als sie selbst. Mitglieder dieser Gruppe werden in ihrem Leben also ebenfalls keine Geschichte schreiben.

Die dritte Gruppe ist die Gruppe der Erfolgreichen. Zahlenmäßig ist diese Gruppe wohl die Kleinste, aber von diesen Menschen wird auch in Jahrzehnten noch alle Welt sprechen, sei es wegen wissenschaftlicher, finanzieller oder politischer Erfolge. Dabei handelt es sich um die Menschen, die Erfolgsgeschichten schreiben.

In jungen Jahren gibt es wohl keine Person, die nicht davon träumt, eines Tages ein erfolgreicher Mensch zu sein. Leider lassen viele Menschen diesen Traum mit den Jahren fallen und rutschen in eine der anderen Gruppen ab. Diejenigen, die ihren Traum zwar nicht aufgeben, ihn aber nur inkonsequent verfolgen, finden sich in der Gruppe der Mittelmäßigen wieder. Und von hier ist es eigentlich nur noch ein kleiner Sprung zurück in die Gruppe der Erfolgreichen. Warum aber schaffen die meisten Menschen diesen kleinen Sprung nicht?

Dazu muss man erst einmal verstehen, was einen erfolgreichen Menschen ausmacht. Denn auch erfolgreiche Menschen sind nicht besser als andere. Sie wissen nur, wie sie ihre Charaktereigenschaften, Fähigkeiten und Stärken richtig einsetzen. Es ist also eigentlich für jeden Menschen zu schaffen, seinen persönlichen Erfolg zu erleben.

Erfolgreiche Menschen zeichnen sich einfach durch ein paar gemeinsame Nenner aus. So kennen diese Menschen ihre persönlichen Stärken, aber auch Schwächen. Und das ist bei Weitem keine Selbstverständlichkeit, denn die meisten Menschen sehen sich selbst in einem völlig falschen Licht und sind sich der eigenen Stärken überhaupt nicht bewusst. Wenn jemand seine Stärken erkannt hat, heißt es dann natürlich, den Nutzen daraus zu ziehen, denn mit dem Kennen der eigenen Stärken ist es schließlich nicht getan. Wer den Erfolg sucht, der darf sich also nicht auf seine Schwächen konzentrieren und versuchen, gegen diese anzukämpfen, sondern muss kontinuierlich an seinen Stärken arbeiten.

Wenn Sie beispielsweise ein kreativer, musisch begabter Mensch sind, dann zwingen Sie sich nicht dazu, einen rein analytischen Beruf zu erlernen, denn damit werden Sie weder glücklich noch erfolgreich. Um erfolgreich zu sein, müssen Sie das, was Sie tun, einfach lieben. Und wenn Sie das lieben, was Sie tun, fällt Ihnen vieles auch leichter.

Allerdings sind erfolgreiche Menschen zudem besonders zielorientiert, setzen sich feste Ziele und arbeiten vor allem schnurgerade auf diese Ziele hin. Ganz nach dem Motto „Ohne Fleiß kein Preis", sollte jedem klar sein, dass man zwar vorrangig den Erfolg sieht, dass sich hinter diesem aber auch eine Menge Arbeit verbirgt. Erfolg kommt nicht von heute auf morgen. Er will erarbeitet werden und dabei gilt es auch, eine Menge Schwierigkeiten und Rückschläge zu verkraften, die ein Außenstehender meist nicht realisiert. Ein Erfolgsmensch hat die Kraft, solche Hürden zu überwinden oder zu umschiffen und sein Ziel nie aus den Augen zu verlieren.

Business man and mountain© *alphaspirit - Fotolia.com*

Erfolgsverwöhnte Menschen wissen, was sie können und wie sie Interessen am besten verkaufen und durchsetzen. Dazu gehört eine gute Portion Selbstbewusstsein und Selbstvertrauen. Dann fällt es auch leicht, Probleme und Rückschläge einfach als Erfahrungen zu nehmen und als Chancen wahrzunehmen. Hat man dies erkannt, so findet man auch das nötige Durchhaltevermögen - eine Eigenschaft, die den Erfolg fördert. Wer bei jeder Schwierigkeit einen Schritt zurücktritt oder eine Kehrtwendung macht, wird sein Ziel wahrscheinlich nie erreichen. Förderlich für die Zielerreichung sind hingegen Selbstdisziplin und Ausdauer.

Sicherlich kennen Sie die absolute Bremse auf dem Weg zum Erfolg: die Ausrede. Immer wieder müssen Ausreden herhalten, wenn Chancen verpasst, schwierige Situationen nicht gemeistert oder Fehler gemacht wurden. Erfolgreiche Menschen jedoch suchen nach Lösungen, Wegen und Chancen und nicht nach Ausreden. Wer Erfolge erzielen will, der sollte sich die Energie sparen und keinerlei Ausreden gelten lassen.

Zudem sind Erfolgsmenschen auf dem Weg nach oben vielen Situationen ausgesetzt, in denen möglichst schnell Entscheidungen getroffen werden müssen. Entscheidungsfreude ist daher ein wichtiger Charakterzug, denn erfolgreiche Menschen wissen, wo sie hinwollen. Wer sein Ziel genau kennt, dem fällt es auch leicht, die entsprechenden Entscheidungen zu treffen.

Nun könnte man meinen, Erfolgsmenschen müssten alles alleine können. Doch weit gefehlt, denn ein wichtiger Aspekt des Erfolgs ist die Offenheit, Hilfe von außen zu akzeptieren. Meist verfügen erfolgreiche Menschen über ein breitgefächertes Netzwerk mit vielen Kontakten, auf die sie im Fall der Fälle zurückgreifen können. Das Motto lautet: *„Man muss nicht alles wissen und können, man muss nur wissen, wer es kann"*. Und so holt sich der erfolgreiche Mensch ohne Scham Unterstützung von Dritten und nutzt Hilfsmittel wie den Business-Organizer ohne Scheu.

5.1 Stärken und Schwächen

Ein wichtiger Schritt auf dem Weg zum persönlichen Erfolg ist das Erkennen und Fördern der eigenen Stärken. Wer sich auf seine Stärken konzentriert, kann wirklich Außergewöhnliches schaffen. Betrachtet man die großen Persönlichkeiten der Geschichte, so wurden diese alle „berühmt", weil sie ihre Stärken kannten und zu nutzen wussten. Allerdings muss man nicht immer auf Vorbilder aus der Geschichte zurückblicken, denn sicherlich gibt es auch im derzeitigen Umfeld immer Menschen, die besonders erfolgreich sind. Warum das so ist? Die Antwort ist immer die Gleiche: Diese Menschen kennen ihre Talente und Stärken und nutzen diese auch zu ihrem Vorteil.

Allerdings gibt es auch die Kehrseite der Medaille, denn in unserer Gesellschaft haben wir uns angewöhnt, den Fokus auf die Schwächen zu richten. Bereits in der Schule werden wir darauf „gedrillt", an unseren Schwächen zu arbeiten und diese auszumerzen. Doch genau so bildet sich ein Erfolgshemmer. Die Energien, die man in seine Schwächen investiert, verbrauchen viel Kraft, ohne einen Erfolg zu zeigen, während die gleichen Anstrengungen in Sachen Stärken einen auf der Erfolgsleiter ein gutes Stück weiterbringt. Mit dem Bekämpfen von Schwächen werden Sie immer nur im guten Durchschnitt bleiben und das auch nur mit großer Mühe und mit viel Aufwand.

Ein kleines Beispiel:

Denken wir an einen musisch veranlagten Typen, der schon in der Schule immer zu den Besten in Musik gehörte und schon im frühen Kindesalter gehörte Musik aus dem Radio am Klavier nachspielen konnte. Auf der anderen Seite sind Zahlen und Rechenarten überhaupt nicht sein Ding. Entsprechend ist Mathematik für ihn ein richtiger Kampf, der nur mit Nachhilfe und „Druck" vonseiten seiner Eltern zu einem Abschluss in diesem Fach führte. Da der Vater ein Ingenieurbüro führte und auch recht erfolgreich war, wollte er natürlich, dass sein einziger Sohn in seine Fußstapfen tritt. Der Sohn allerdings ließ sich darauf nur mit Widerwillen ein. Mit Ach und Krach brachte er das notwendige Studium hinter sich und stieg in das Büro seines Vaters ein. Die Folge war eine Aneinanderreihung von Albträumen, die jeder Arbeitstag mit sich brachte. Der Sohn machte schwerwiegende Fehler und diese immer häufiger. Der einstmals gute Ruf des Unternehmens war schnell dahin und die Aufträge ließen nach. Bald musste das Büro geschlossen werden und der junge Mann stand vor dem finanziellen Ruin.

Und jetzt drehen wir einmal ein wenig an der Geschichte:

Der Junge befindet sich in der Schulzeit und seine Eltern sind stolz auf sein musikalisches Talent, das sie gerne zu fördern bereit sind. Der Junge erhält jede erdenkliche Unterstützung und Bestätigung in seiner Stärke und ist mit Leidenschaft dabei, sein Talent mit vielen besuchten Kursen auszubauen. Schließlich studiert er Musik, was ihm große Freude bereitet. Er erhält Unterstützung von seinen Professoren und wird gefördert. Das Ergebnis: Der Junge wurde zu einem erfolgreichen Musiker.

Diese Geschichte ist natürlich frei erfunden, allerdings steht sie als gutes Beispiel für viele andere Lebensgeschichten in unserer Gesellschaft. Zudem zeigt sie deutlich, wie wichtig es ist, sich auf die eigenen Stärken zu konzentrieren und diese zu fördern, während man den Schwächen weniger Beachtung schenken sollte.

Nun hat nicht jeder Mensch ein außergewöhnliches Talent oder eine Begabung auf einem bestimmten Gebiet. Doch sicher ist, dass jeder Stärken und verborgene Talente besitzt, die es ans Tageslicht zu holen lohnt. Zunächst muss man sich also auf die Suche nach den eigenen Stärken machen und sich ihrer bewusst werden. Häufig erkennen die Menschen ihre Stärken nämlich erst dann, wenn sie sich auf sie konzentrieren.

Genauso wichtig ist es, die eigenen Schwächen zu erkennen, was für die meisten Menschen ein weniger großes Problem darstellt. Sind die Schwächen erkannt, so sollte man in Zukunft darauf achten, nicht unnötig wertvolle Energien mit dem Versuch zu verschwenden, diese Schwächen auszumerzen. Sie sind halt vorhanden, aber sie stören einen nicht beim Erreichen der eigentlichen Ziele, denn dafür benötigt man nur die Stärken. Deshalb geht es zunächst einmal darum, diese Stärken auszubauen, zu perfektionieren und weiter zu entfalten.

Mit der Erkenntnis über die eigenen Stärken gewappnet, sollte man diese auch einsetzen. Denn was nützt einem das schönste Werkzeug, wenn es in der Schublade liegen bleibt, anstatt privat oder beruflich zum Einsatz zu kommen? Jemand, der seine Stärken im Beruf einsetzen kann, wird jeden Tag mit einem Sack voll Erfolgserlebnissen nach Hause kommen. Derjenige kann sich profilieren und wird Anerkennung und Bestätigung ernten. Kann er nicht nur seine Stärken und Talente einsetzen, sondern bringt er dazu noch eine große Portion Begeisterung, Leidenschaft und Motivation mit, dann hat er den Erfolg so gut wie in der Tasche.

Natürlich kann nicht jeder von heute auf morgen seine Stärken finden und ausbauen. Dies ist ein Prozess, der zwar seine Zeit braucht, sich aber auf alle Fälle lohnt. Damit wird klar, wie wichtig die eigenen Stärken für die Ebnung des Weges zum Erfolg sind. Und doch ist es manchmal eher ein Zufall, wenn man die entscheidende Stärke bei sich selbst entdeckt. Da „rutscht" man plötzlich in eine völlig ungewohnte Situation, die man meistern muss. Wie durch ein Wunder schafft man es und hat damit in der Regel bereits eine neue Stärke an sich entdeckt.

Häufig verfügen die Menschen allerdings über Stärken, die sie nie benutzt haben und die ihnen deshalb auch gar nicht mehr bewusst sind. Diese Schätze gilt es ins Bewusstsein zurückzuholen bzw. sie wieder zu entdecken. Das Abarbeiten eines gezielten Fragenkatalogs kann dabei helfen, die verschollenen Stärken wieder aufzudecken. Stellen Sie sich also die richtigen Fragen und beantworten Sie diese am Besten schriftlich in Ihrem Business-Organizer.

Folgende Fragen bringen Sie näher an Ihre Stärken heran:

Frage 1: *Was können Sie besonders gut?* Schreiben sie mindestens 10 Fähigkeiten in Ihren Business-Organizer und beginnen Sie damit, jede Antwort mit *„Ich kann gut..."*

Frage 2: *Wofür beneiden oder bewundern Sie andere?*

Frage 3: *In der Schule Sind Ihnen welche Fächer besonders leicht gefallen, bzw. welche haben Ihnen besonders viel Spaß gemacht?*

Frage 4: *Unter welchen Bedingungen bzw. in welchem Umfeld fühlen Sie sich besonders wohl, glücklich und können Sie effizient arbeiten?*

Frage 5: *Wo liegt der Grund für dieses Wohlbefinden? In Menschen, Aktivitäten oder Rahmenbedingungen?*

Frage 6: *Mit welcher Art von Menschen verbringen Sie besonders viel Zeit?*

Die Beantwortung dieser Fragen wird Ihnen ein klares Bild über Ihre Stärken vermitteln. Allerdings fällt es vielen Leuten schwer, diese Fragen ehrlich zu beantworten. Im Zweifelsfall bitten Sie einfach einen vertrauenswürdigen Menschen, wo er Ihre Talente sieht. Über so manche Antwort werden Sie sicherlich staunen und erst dann werden Ihnen Ihre Stärken richtig bewusst. Wenn Sie Ihre eigenen Stärken erkannt haben, geht es darum, diese zu fördern und entsprechende Tätigkeitsfelder zu suchen, in denen Sie Ihre Neuentdeckungen praktisch einsetzen können.

5.2 Raus aus der Komfortzone - hinein in den Erfolg

Fast jeder Mensch hat einen Bereich, in dem er sich ausgesprochen wohl fühlt und in dem ihn keine Sorgen und Ängste erreichen. Diesen Bereich, der absolute Sicherheit bietet, weil es sich um ein Umfeld handelt, das man kennt und gewohnt ist, bezeichnet man als Komfortzone. Allerdings hat diese Komfortzone nicht nur Vorteile. Denn für einen Menschen, der erfolgreich werden möchte, stellt sie häufig eine Hürde in der persönlichen Entwicklung dar. Sich aus der Komfortzone hinaus zu bewegen, die da endet, wo Anstrengungen und Überwindungen beginnen und es nicht mehr bequem ist, bietet die Chance, neue Eindrücke zu vermitteln, was ein guter Wegbereiter für den persönlichen Erfolg werden kann.

Die Komfortzone ist eine sehr individuelle Angelegenheit, weil die Grenzen, an denen das sichere Gefühl endet und die Überwindung beginnt, bei jedem Menschen individuell unterschiedlich verlaufen. Ein Überschreiten dieser persönlichen Grenze verursacht ein mulmiges Gefühl, weil man sein gewohntes Umfeld verlassen muss. Insbesondere schüchterne Personen werden sich mehr überwinden müssen, einen fremden Menschen anzusprechen, womit eine extrovertierte Person hingegen keine Schwierigkeiten haben wird.

Die eigenen Grenzen zu überwinden, kann äußerst bereichernd sein. Sich mit dem Wagnis und dem Risiko, welche das Überschreiten der eigenen Komfortgrenze beinhaltet, auseinanderzusetzen, verschafft dem Menschen neue Eindrücke. In einer begrenzten, behüteten Umgebung wie im Büro oder zuhause ist das oft nicht möglich. Häufig genügt ein kleiner Kick, um die persönliche Reife zu erhöhen und das Leben lebenswerter zu machen. Regelmäßige Herausforderungen, die man in seinem Business-Organizer einplanen kann, kosten zwar etwas Überwindung, weil sie das Verlassen der Komfortzone erfordern, können aber großes bewirken. Meist genügt schon eine Kleinigkeit, um frischen Wind aufkommen zu lassen.

Natürlich kann man sich auch gleich ein ganz großes Ziel im Business-Organizer notieren, das einen momentan vielleicht noch überfordert. Den Weg zur Ziellinie teilt man dann in kleine Etappen ein und begibt sich langsam aus der Komfortzone in die entsprechende Richtung. Das Verlassen der Komfortzone kann positive Aspekte mit sich bringen. So lernt man sich selbst besser kennen und entwickelt seine Persönlichkeit weiter. Zudem lernt man Neues kennen und erweitert seinen Horizont.

Durch die intensivere Auseinandersetzung mit sich selbst, können Fähigkeiten besser eingeschätzt und effektiv eingesetzt werden. Wer zu neuen Ufern aufbricht, wirkt zudem der Langeweile entgegen und bringt neuen Schwung in sein Leben. Eine solch große Herausforderung zu meistern, ist ein tolles Erfolgserlebnis und ein fantastisches Gefühl. Gleichzeitig nehmen das Selbstbewusstsein und die Selbstsicherheit zu, sodass man im Laufe der Zeit, immer höhere Hürden nehmen kann. Schließlich wächst der Mensch an seinen Herausforderungen.

So können Ängste überwunden werden, indem man sich ihnen stellt und die Komfortzone verlässt. Zudem wird man selbst viel zu berichten haben und über einen nicht alltäglichen Erfahrungsschatz verfügen. Wenn Sie die Komfortzone regelmäßig verlassen, haben Sie zukünftig auch weniger Schwierigkeiten damit, diese immer wieder zu verlassen. Auch wenn das Erreichen eines herausfordernden Zieles mit Entbehrungen, Hindernissen und großem Aufwand verbunden ist, so lohnt sich der Weg raus aus der Komfortzone auf jeden Fall.

5.3 Neue Türen öffnen für den Erfolg

Schon Henry Ford war davon überzeugt, dass jeder, *„der immer das tut, was er schon kann, immer das bleibt, was er schon ist"*. Erfolg und Vorwärtskommen haben im Leben jedoch viel mit dem Beschreiten neuer Wege und der Eroberung neuer Räume zu tun. So kommt man im bildlichen Sinne an Tausende von Türen, die man entweder ignorieren oder öffnen kann, um nachzusehen, was sich dahinter verbirgt. Manche dieser Türen sind ständig sichtbar, andere erscheinen nur unter bestimmten Voraussetzungen. Logischerweise muss man eine Tür selbstverständlich erst einmal sehen, um sie auch öffnen zu können. Je mehr man seinen eigenen Horizont erweitert, desto mehr Wege und Türen werden sich ergeben, die gegangen bzw. geöffnet werden können.

Den eigenen Horizont kann man erweitern, indem man beispielsweise Bücher liest und daraus neue Erkenntnisse gewinnt, sich mit anderen Menschen austauscht, durch das Kennenlernen neuer Menschen Kontakte knüpft, sich weiterbildet und sich neues Wissen aneignet. Wer also jeden Tag durch die gleiche Tür geht, wird nichts Neues erfahren und bleibt daher genauso schlau, wie er es schon vorher war. Wer jedoch erfolgreich werden möchte und im Leben etwas erreichen will, der muss immer neue Türen öffnen, um die entsprechenden Chancen zu finden, die ihn auf seiner Erfolgsleiter weiter nach oben befördern. Schließlich verbirgt sich hinter jeder Tür eine Erfahrung, die sich als wertvoller Schatz erweisen kann und sogar dazu in der Lage sein könnte, weitere Türen zu öffnen. Natürlich kann sich aber auch etwas dahinter verbergen, das einen nicht weiterbringt. Doch ohne die Tür geöffnet zu haben, werden Sie dies nie wissen.

Zum Öffnen einer neuen Tür müssen Sie sich aktiv entscheiden und genau da liegt der Haken. Denn die meisten Menschen finden schnell Gründe, warum sie eine Tür nicht öffnen möchten, sei es aus Bequemlichkeit, Angst vor Veränderungen, Angst vor dem Unbekannten oder das nicht vom Alten loslassen können. Manchmal jedoch kann eine Lebenssituation aber auch das Öffnen einer neuen Tür verlangen, ganz gleich, ob es einem gefällt oder nicht.

Je mehr Türen man in seinem Leben öffnen kann, umso größer wird die Wahrscheinlichkeit, dass man etwas Wertvolles entdeckt. Allerdings verlangt das Öffnen unbekannter Türen auch

Mut, Entscheidungsfreude und Neugierde. Doch für die Überwindung dieser Hürden wird der Türöffner hinter vielen Türen mit wertvollen Chancen entschädigt. Wer allerdings nie eine Tür öffnet und keinen neuen Raum betritt, der wird auf der Strecke bleiben und immer nur das sein, was er schon immer war.

Opportunity © *alphaspirit - Fotolia.com*

Kapitel 6 Zielsetzungen

Es ist spannend, wie individuell die Menschen sind. Unterschiedliche Persönlichkeiten werden ausgeprägt und verschiedene Entwicklungswege beschritten. So ist es kein Wunder, dass auch das Thema „Ziele" viele unterschiedliche Sichtweisen offenbart.

6.1 Ziele - der individuelle Weg

Wir möchten an dieser Stelle gerne eine kleine Geschichte zum Besten geben, die die Individualität von Zielen deutlich macht. Das Geschwisterpaar in unserer Geschichte könnten wir „Hänsel und Gretel" nennen. Hänsel gehörte während der Schulzeit immer zu den Klassenbesten, obwohl er bei Weitem kein Streber war. Durch seine schnelle Auffassungsgabe und ein gutes Gedächtnis hielt sich sein Lernaufwand in Grenzen und Hänsel fiel, wie man so schön sagt, einfach alles zu. So war auch bereits früh ganz klar, dass Hänsel ein Studium absolvieren würde. Nach dem Studium begann Hänsel in einem kleineren Unternehmen eine Karriere. Seit nunmehr zehn Jahren ist er nun als Abteilungsleiter in einem Unternehmen tätig.

Gretel, seine jüngere Schwester, war nicht gerade eine Musterschülerin und ihre Noten ließen zu wünschen übrig. Alle Fähigkeiten, die Bruder Hänsel in die Wiege gelegt bekam, musste Gretel vermissen und das Lernen fiel ihr verdammt schwer. Allerdings war sie stets mit großem Ehrgeiz und starkem Willen darum bemüht, alle Aufgaben zu meistern. Vor allem ihr Fleiß fand lobende Erwähnung. Gretel hatte immer ein klares Ziel vor Augen und tat alles, um dieses zu erreichen. Mittlerweile ist sie auf der Karriereleiter eines Konzerns recht flott nach oben geklettert.

Menschen wie Hänsel und Gretel kennen wahrscheinlich auch Sie in Ihrem Bekanntenkreis. Warum ist das erwähnenswert? Nun, häufig gehen Menschen davon aus, dass jemand nur aufgrund seiner Talente und Fähigkeiten erfolgreich wurde. Das mag in einigen Fällen sicher auch zutreffen. Nur: Talent ist nicht alles.

Es gibt hochtalentierte und vor Intelligenz protzende Personen, die trotzdem nicht unbedingt in die Gruppe der Erfolgreichen gerechnet werden. Dann gibt es wiederum weniger begabte Menschen, die es im Leben sehr viel weiter bringen als andere und offensichtlich vom Erfolg verwöhnt werden. Doch: Woran liegt es?

Nun, die Erklärung ist eigentlich ganz einfach. Erfolgreiche Menschen unterscheiden sich im Wesentlichen von weniger Erfolgreichen durch ihre Zielorientierung. Erfolgsmenschen setzen sich Ziele und vor allem machen sie sich daran, diese in die Realität umzusetzen. Komme, was wolle.

Ziele im Kopf zu haben, also zu wissen, wohin man will, macht es leichter, Entscheidungen zu treffen. Und Erfolg setzt sich nun einmal aus einer Summe von richtigen Entscheidungen im richtigen Moment zusammen. Klare Ziele sind also ausschlaggebend für richtige Entscheidungen und richtige Entscheidungen führen wiederum zum gewünschten Erfolg. Dies ist eine ganz natürliche Gesetzmäßigkeit.

Natürlich reicht es nicht, im Business-Organizer ein Ziel einzutragen und auf den gewünschten Erfolg zu warten. Schließlich sind noch andere Faktoren mitentscheidend für das Ergebnis. Doch die optimale Zielsetzung bringt Sie bereits ein gutes Stück in Richtung Erfolg!

6.2 Erfolge und Niederlagen

Wer dieses Buch liest, gehört wahrscheinlich zu den Menschen, die mit dem bisher Erreichten noch nicht vollständig zufrieden sind. Lassen Sie einmal Ihre Vergangenheit Revue passieren!

Häufig stellt sich heraus, dass einem das bisher Erreichte gar nicht richtig bewusst ist. Vielleicht haben Sie Ihre persönlichen Ziele einfach zu hoch angesetzt.

Klafft nämlich eine zu große Lücke zwischen dem, was man erreichen will und dem, was man bisher erreicht hat, so folgt die Unzufriedenheit und das Selbstvertrauen schwindet. In diesen Teufelskreis sollten Sie sich nicht begeben, denn mit mangelndem Selbstvertrauen sinkt auch Ihre Motivation, etwas Neues zu erschaffen, sich neue Ziele zu stecken und diese zu verwirklichen. Die Folge sind Resignation und Stagnation, welche den Tod für jedes anvisierte Ziel darstellen.

Seien Sie sicher, es gibt kein Ziel, dass Sie ohne Durchhaltevermögen erreichen können. Wer aufgibt, hat verloren. Ein häufiger Grund für ein vorzeitiges Aufgeben ist der fehlende Glaube an sich selbst. Richten Sie daher den Fokus immer auf erreichbare Ziele und seien Sie sicher, dass die bis dato realisierten Teilziele bereits ein Erfolg sind.

Den großen Erfolg erreicht man nicht in einem Sprung, sondern in kleinen Schritten. Zudem gehören zum Erfolg auch Niederlagen, die einem aufzeigen, wo man sich noch mehr auf die eigenen

Stärken besinnen muss und aus denen man lernen kann. Denn jede Niederlage und jeder Rückschlag sind eine Chance. Aus den gemachten Fehlern zu lernen und etwas Positives aus der Situation mitzunehmen, ist eines der Erfolgsgeheimnisse.

Zudem können Niederlagen die eigenen Stärken hervorkitzeln und stärken den Blick auf die persönlichen Erfolge im Leben. Auch vermeintlich kleine Erfolge lassen die eigenen Stärken erkennen, denn wer bereits Geschafftes zu schätzen weiß, der wird auch höher gesteckte Ziele erreichen. Und genau deshalb sollten Sie immer wieder einmal kurz innehalten und einen Rückblick auf die erbrachten Leistungen und Erfolge im Privaten und Beruflichen wagen.

Auch den privaten Erfolgen sollten Sie genügend Beachtung schenken, denn die Talente, die für die Umsetzung beruflicher Ziele wichtig sein können, sollten nicht übersehen werden. Ein persönlicher Erfolg liegt beispielsweise auch in einer harmonischen Ehe, einer streitfreien Familie oder einem großen Freundeskreis. Dieser Umstand lässt auf das Talent schließen, dass diese Person sich auf den Umgang mit Menschen versteht.
Diese Fähigkeit lässt sich im Beruf natürlich hervorragend nutzen. Daher ist es so wichtig, persönliche Begabungen zu erken-

nen, um sie gezielt in anderen Bereichen einzusetzen. Und glauben Sie mir, es gibt immer einen Grund, stolz auf sich selbst zu sein!

6.3 Neid und Selbstsicht

Jeder Mensch hat irgendetwas, auf das er zu Recht stolz sein kann. Trotzdem schielen wir mit Neid auf die Erfolge anderer und trachten danach, deren materiellen Besitz und persönlichen Fähigkeiten ebenfalls unser Eigen zu nennen. Ständig ziehen die Menschen Vergleiche mit Freunden, Nachbarn, Filmstars und Reichen und genau dieses Vergleichen schürt die eigene Unzufriedenheit. Doch Unzufriedenheit hemmt die eigenen Erfolge.

Deshalb sollten Sie nicht auf andere schauen, sondern den Blick auf Ihr eigenes Leben und Ihre eigenen Erfolge richten. Eben auf das, was Sie selbst bereits geleistet haben - und das am besten schriftlich. Reservieren Sie im Business-Organizer einen Platz für die Auflistung all Ihrer bisherigen Erfolge, die Ihnen in den Sinn kommen wie beispielsweise eine glückliche Ehe, wohlerzogene Kinder, finanzielle Sicherheit und, und, und.....
Ihren gesammelten Erfolgen ordnen Sie nun eine oder mehrere persönliche Stärken zu, auf denen dieser Erfolg basiert. Ein Bei-

spiel: Finanzielle Sicherheit kann durch die Umsetzung einer lukrativen Geschäftsidee erreicht worden sein. Entsprechend werden Sie Stärken wie Selbstvertrauen, Selbstdisziplin und Durchhaltevermögen bewiesen haben.

Nun stellen Sie Ihren Erfolgen und Stärken einen Rückblick gegenüber - und zwar auf alles, was nicht so gut geklappt hat, wie Sie es sich gewünscht hätten. Genauso wie ein Rückblick auf die Erfolge Ihre Stärken zu Tage fördert, so wird ein Blick auf die Niederlagen Ihre Schwächen erkennen lassen. Dies wiederum ist hilfreich, um aus Fehlern und Misserfolgen zu lernen und daraus zu profitieren.

Halten Sie sich immer vor Augen, dass ein wesentliches Merkmal von Erfolgsmenschen darin besteht, dass sie sowohl die eigenen Stärken als auch die persönlichen Schwächen genau kennen und entsprechend ein Terrain auswählen, auf dem sie ihre Stärken voll einsetzen können.

Seien Sie sich daher Ihrer Erfolge bewusst und belasten Sie sich nicht mit Niederlagen! Lernen Sie aus Fehlschlägen und schließen Sie dann damit ab! Akzeptieren Sie Ihre persönlichen Schwächen, aber belasten Sie sich nicht damit! Konzentrieren Sie sich ausschließlich auf Ihre persönlichen Stärken! Setzen Sie sich klare Ziele, die Ihren Erfolg fördern!

Sie sehen: wer im Leben erfolgreich sein möchte, für den sind klare Ziele ausschlaggebend, sowohl im privaten als auch im beruflichen Bereich. Mit klaren Zielen fällt Ihnen die Entscheidungsfindung leichter, unabhängig davon, ob es sich um unternehmerische oder persönliche Ziele handelt. Mit Ihren Zielen geben Sie die Richtung klar vor und alle Entscheidungen sollten zugunsten dieses Zieles ausfallen, denn die Summe Ihrer richtigen Entscheidungen ist Ihr Erfolg.

Erfolgreiche Menschen sind also diejenigen, die sehr viel, aber bei Weitem nicht alles, richtig gemacht haben. Entsprechend wurden zahlreiche anstehende Entscheidungen auf dem Weg zum Erfolg richtig getroffen. Unschlüssige und orientierungslose Menschen kommen im Leben selten weiter.

Erfolg haben nur Personen, die durch ihr Denken, Planen und Handeln dem gesetzten Ziel entgegenstreben und damit ihre Wünsche erfüllen. Bevor Sie an Erfolg denken können, müssen Sie also zunächst einmal wissen, was Sie wollen.

6.4 Bequemlichkeit und Veränderung

Von Erfolg und Glück träumen fast alle Menschen, doch kommen die Wenigsten auf die Idee, ihre Ziele zu verwirklichen. Jeder, der mit seiner derzeitigen Situation unzufrieden ist, sollte dafür allerdings nicht andere verantwortlich machen oder anderen gar mit Neid begegnen. Im Gegenteil: Bringen Sie Mut auf, Ihr eigenes Leben gegebenenfalls sogar drastisch zu verändern.

Häufig scheitert ein solches Vorhaben jedoch an der mangelnden Dringlichkeit, da die „persönliche Schmerzgrenze" noch nicht erreicht wurde. Diese Schmerzgrenze würde die Bereitschaft zu einer nachhaltigen Veränderung im eigenen Leben schneller auslösen. Viele Menschen würden gerne besser leben, scheuen aber vor der Veränderung, die in der Regel mit einem Mehr an Mühe, Disziplin und Arbeit verbunden ist, zurück.

Mitunter muss sich der gesamte Lebensstil verändern, um mehr Erfolg zu erzielen. Den meisten Menschen geht es aber gar nicht so schlecht wie gefühlt, sobald sie das Glück der Anderen aus einer anderen Perspektive heraus betrachten. Wer seinen Erfolg sucht, ihn aber nicht findet, sollte darüber nachdenken, ob es nicht einfach seine eigene Bequemlichkeit ist, die ihn daran hindert, durchzustarten.

6.5 Viele Wege führen zum Erfolg

Nicht jedes Bestreben führt auch zum gewünschten Erfolg. Wer sein persönliches Glück finden möchte, der sollte immer an verschiedenen Stellen danach suchen. Allerdings darf das Ziel dabei nie aus den Augen verloren werden. Versuchen Sie unterschiedliche Wege, um zum Endziel zu gelangen. Schließlich führen sprichwörtlich ja auch viele Wege nach Rom.

Erfolg ergibt sich grundsätzlich aus vielen Versuchen, die sowohl erfolgreich sein, aber auch aus Rückschlägen, Fehlern und Irrtümern bestehen können. Daher hat jeder Mensch durchaus auch mehrere Versuche frei, um eben immer etwas Neues auszuprobieren, das zum persönlichen Erfolg führen könnte. Wenn etwas nicht klappt oder sich als falscher Abzweig auf dem Weg in Richtung Erfolg erweist, was soll's! Die Wahrscheinlichkeit, dass unter allen Versuchen etwas Erfolgreiches herauskommt, ist schließlich groß.

Auf Anhieb ist wohl noch niemand erfolgreich geworden. Der

Weg zum Erfolg ist zeitraubend und steinig. Man benötigt eine Menge Ausdauer und den Mut, auch Niederlagen und Rückschläge wegzustecken. Doch wie bei allen Wegen im Leben gilt auch für den Erfolgsweg:

- Erst einmal loslaufen und anfangen
- Im Zweifelsfall die Richtung ändern
- Neue Wege beschreiten und dranbleiben
- Auch Abzweigungen erforschen und Versuche wagen
- Manchmal einige Schritte zurück laufen und verharren, um zu lernen
- Die Chance nutzen, danach schneller weitergehen zu können
- Eine erfolgreiche Wegstrecke weiter ausbauen

Kapitel 7 Zielplanung

Leser/innen, die mit dem Lesen bis hierher fortgeschritten sind, haben mittlerweile festgestellt, dass es nur ein einziges allgemein gültiges Rezept für den Erfolg gibt - die Zielplanung! Alle anderen beschriebenen Faktoren, die den Erfolg ausmachen, sind schließlich sehr persönlicher Natur und müssen im Einzelfall genauer betrachtet werden. Die Zielplanung allerdings gilt für alles und jeden! Deshalb möchten wir im Folgenden noch einmal genauer auf dieses Thema eingehen.

7.1 Zielplanung mit Brainstorming, Mindmap und Business-Organizer

Wenn Sie mit Ihrer Zielplanung beginnen, sollten Sie sich zunächst für ein umfassendes Brainstorming mit Ihrem Business-Organizer an einen stillen Ort, an dem Sie sich wohl fühlen, zurückziehen. Dann notieren Sie im Business-Organizer in Stichworten alles, was Ihnen in Bezugnahme auf Ihr neues Ziel so im Kopf herum geht. Dazu gehören alle Maßnahmen auf dem Weg zum Ziel, sämtliche Ideen, Aufgabenstellungen und vieles mehr. Schreiben Sie ruhig einfach drauflos, ohne eine bestimmte Struktur oder Reihenfolge zu beachten!

Legen Sie Ihren Business-Organizer dann erst einmal zur Seite und lassen Sie Ihre Notizen ruhen! Schlafen Sie eine Nacht darüber! In der Regel werden Sie feststellen, dass Ihr Unterbewusstsein sich im Schlaf mit Ihren Notizen weiterbeschäftigt hat und Ihnen über Nacht weitere Ideen liefert, die Sie am Morgen ergänzen können. Damit werden Sie eine ganze Menge vollgekritzelte Notizblätter haben, in die es nun gilt, Ordnung zu bringen.

Das Mindmapping ist eines der idealen Instrumente, die man in Verbindung mit dem Business-Organizer nutzen kann. Sicher haben Sie irgendwo ein kleines, ruhiges Kämmerchen, das Sie für Ihre Zielplanung nutzen können. Heften Sie in diesem Raum einfach einen riesigen Bogen Papier, der Ihr Mindmap wird, an die Wand!

Mitten auf die Papierwand notieren Sie nun mit ein oder zwei Schlüsselbegriffen Ihr Ziel. Dazu schreiben Sie am Besten auch das Tagesdatum und das Datum, an dem das Ziel erreicht worden sein soll. Nun nehmen Sie Ihren Business-Organizer mit der Ideensammlung zur Hand und überlegen sich einige Überbegriffe, welche Sie um Ihren Zielbegriff gruppieren. Alle notierten Ideen und Maßnahmen werden unter diesen Überbegriffen angeordnet und es entstehen immer feinere Verästelungen. Ein solches

Mindmap sieht aus wie ein Baum in der Draufsicht. In der Mitte der Stamm, von dem die Hauptäste und von denen wiederum Nebenäste abzweigen.

Nun können Sie jeden Tag Ihr Ziel groß vor Augen sehen und werden feststellen, dass dies unheimlich motiviert. Sicher fällt Ihnen immer wieder etwas Neues zum Ziel ein, das Sie dann gleich ergänzen können. So wird Ihr „Zielbaum" fast täglich wachsen. Ein Mindmap ist das beste Mittel, um Ihre Kreativität zu fördern.

Nun soll es aber nicht nur bei der Planung bleiben. Es ist daher nötig, die aufgezeichneten Maßnahmen auch der Reihe nach abzuarbeiten. Arbeiten Sie sich dabei von außen nach innen zum Zielkern hin vor. Ist eine Maßnahme erledigt, streichen Sie sie einfach durch. Sie werden kaum glauben, wie viel Freude es macht, etwas Erledigtes durchzustreichen. Täglich, wenn Sie das Durchgestrichene sehen, werden Sie feststellen, dass Sie Ihrem Ziel näher kommen.

Natürlich kann eine solche Zielplanung auch auf anderem Wege erfolgen, doch ist das Mindmap eine der optimalsten Lösungen. Wer allerdings seine Planung lieber auf Zetteln oder Karteikarten macht, kann dies natürlich gerne tun. Allerdings sind wir der persönlichen Meinung, dass es nichts Übersichtlicheres als das Mindmap gibt.

7.2 Zielbuch - ein weiteres Hilfsmittel

Ihren Business-Organizer können Sie natürlich auch als Zielbuch verwenden. Damit stellt er dann ein praktisches „Werkzeug" der Zielplanung dar. Dieses Werkzeug ist insbesondere für diejenigen geeignet, welche eine handschriftliche Planung vorziehen. Elektronische Werkzeuge sind schließlich nicht jedermanns Sache und beim Planen und bei der Ausarbeitung von Konzepten und Notizen ist das gute, alte Prinzip von Zettel und Stift nicht zu verachten.

Nur schriftlich sollte die Planung schon sein, denn durch das Aufschreiben wird eine intensivere Auseinandersetzung mit der Materie erreicht und im kleinen Rahmen damit auch das Erreichen der gesetzten Ziele gefördert. Zudem ist Schreiben eine Tätigkeit, die die Kreativität fördert, wodurch das Unterbewusstsein stärker eingebunden wird. Zudem lassen sich die Gedanken gut strukturieren und ordnen. Dem Vergessen wird entgegengewirkt und ein schrittweises Vorgehen wird erleichtert.

Zudem liefern die Notizen eine wertvolle Dokumentationsgrundlage, die den Weg zum Ziel gut nachvollziehbar macht und somit den Rückblick erleichtert. Daraus können sich wertvolle und vor allem lehrreiche Anhaltspunkte ergeben.

Im Folgenden sind einige Tipps für die Arbeit mit einem Zielbuch aufgelistet:

- Als Zielbuch eignet sich zwar auch ein einfaches Notizbuch, doch ist es ratsam, in Anbetracht der folgenden Aufgabenplanungen, auf einen Business-Organizer zurückzugreifen. So hat man gleich alles Benötigte an einem Platz. Ein Business-Organizer ist schließlich in verschiedene Register und Bereiche unterteilt, deren Anzahl und Nutzung Sie individuell einsetzen können.

- Bei der Erstellung des Zielbuches ist auch etwas Experimentieren gefragt, um die optimale Struktur zu erlangen. Diese zeigt sich meist erst nachdem man das Zielbuch über einen längeren Zeitraum angewandt hat. Daher ist der Business-Organizer durch sein Konzept optimal geeignet.

- In Ihr Zielbuch müssen Sie eine klare Struktur bringen. Angenommen, Sie haben Ihr Zielbuch gerade vor sich liegen, dann müssen Sie es in entsprechende Bereiche unterteilen, die Ihren eigenen Bedürfnissen und Anforderungen entsprechen. Dem Bu-

siness-Organizer liegen bereits Register bei, die für eine Struktu-
rierung genutzt werden können.

- Die Gliederung in praktische Bereiche gewährleistet eine gute
Übersicht und ermöglicht das schnellere Auffinden bestimmter
Notizen im jeweiligen Register.

- Wie genau Sie Ihr Zielbuch gliedern möchten, liegt im eigenen
Ermessen. Hier ein paar Vorschläge: mein Erfolgsbarometer,
meine Ziele, Fortschrittskontrolle, Reflexion, Ideen, Baustellen
und Hindernisse, Inspiration, Gefühle und Gedanken, tägliche
Ereignisse und Fortschritte.

Unter der Rubrik „Mein Erfolgsbarometer" können Sie die erziel-
ten Erfolge im Hinblick auf das jeweilige Ziel dokumentieren,
was bei der Motivation helfen kann. Idealerweise halten Sie Ihre
Erfolge chronologisch fest, um einen Blick auf die zeitliche Entwicklung werfen zu können. Platzieren Sie Ihr Erfolgsbarometer
möglichst direkt am Anfang Ihres Zielbuches, damit Sie es immer
beim Aufschlagen des Buches vor Augen haben!

Unter der Rubrik „Meine Ziele" werden logischerweise Ihre Ziele
formuliert. Jedoch sollten Sie hier auch die einzelnen erforderli-
chen Maßnahmen aufführen, die notwendig sind, um das jeweili-

ge Ziel zu erreichen. Übersichtlich haben Sie so Ihre Ziele vollständig im Blick und können die Fortschrittskontrolle leichter durchführen. Einen besonderen Motivationskick könnten Sie für die Erreichung eines Ziels einbauen, indem Sie zusätzlich Belohnungen auflisten, die Sie sich nach Erreichen des Ziels gönnen werden.

Eine regelmäßige Fortschrittskontrolle ist unerlässlich für die Erreichung gesteckter Ziele und sollte regelmäßig durchgeführt werden. Nur so wird es Ihnen möglich, bei eventuellen Abweichungen rechtzeitig gegenzusteuern, um das Ziel nicht aus den Augen zu verlieren.

In der Rubrik „Baustellen und Hindernisse" beschäftigt man sich mit den Dingen, die nicht glatt ablaufen. Und seien Sie sicher, es kann nicht immer alles glatt laufen. Bei jedem Ziel wird es Hürden geben, die es zu überwinden gilt. Auch über diese Schwierigkeiten sollten Sie Buch führen und sich damit auseinander setzen. Sie bereichern damit Ihren Erfahrungsschatz, der Ihnen beim nächsten Problem schneller zu einer effizienten Lösung verhelfen kann. Zudem analysieren Sie im Detail, woran bei der Erreichung des Ziels noch gearbeitet werden muss.

Unter der Rubrik „Reflexion" können Sie sich mit Fragen, die Ihnen in den Sinn kommen, auseinandersetzen und Antworten finden. So setzen Sie sich intensiver mit der aktuellen Situation und den Schwierigkeiten auseinander.

Für kreative Ideen muss immer ein Platz vorhanden sein, den Sie mit der Rubrik „Ideen" schaffen. Hier sollten Sie alles notieren, was Ihnen beim Nachdenken über Ihr Ziel an Ideen zufliegt. Auf eine bestimmte Ordnung kommt es hier nicht an. Skizzen, Notizen, Ideensammlungen - alles sollte hier seinen Platz haben. Lassen Sie Ihre Gedanken und Ideen einfach fließen!

Unter der Rubrik „Inspirationen" können Sie alle Eindrücke von außen, die für Ihr Ziel eine Bedeutung haben könnten, sammeln. Artikel, Buchtitel, Webseiten, Seminare, Interviews, Zitate - alle Äußerungen anderer Personen zum Thema können Sie inspirieren, wenn es um Ihre eigenen Ziele geht.

Gefühle und Gedanken benötigen ebenfalls ihren Raum, denn Gefühle zuzulassen ist eine Notwendigkeit. Insbesondere dann, wenn man Sachverhalte auch einmal aus einer anderen Perspektive betrachten will, muss man hilfreiche Gefühle zulassen. In dieser Rubrik können Sie sich mit Ihren Gefühlen und Gedanken auf dem Weg zum Ziel auseinandersetzen.

Ihren Business-Organizer können Sie auch in Form eines Tagebuches führen, da er mit einem Kalenderteil ausgestattet ist. Solche Tagebuchnotizen können dazu dienen, das eigene Verhalten genau zu analysieren und später besser mit Situationen umzugehen.

All diese Rubriken können natürlich nur Vorschläge sein, denn mit Ihrem Zielbuch müssen Sie selbst arbeiten und entsprechend sollte es so aufgebaut werden, wie Sie am Besten damit zurechtkommen. Ihr Zielbuch richtet sich allein nach Ihren persönlichen Anforderungen und Präferenzen.

Wichtig ist nur, dass Sie Ihr Zielbuch regelmäßig benutzen und es in Ihr alltägliches Leben integrieren. Ein kleines tägliches Ritual kann dabei helfen. Nehmen Sie beispielsweise Ihr Zielbuch vor dem Zubettgehen zur Hand und lassen Sie den Tag Revue passieren! Eindrücke, Ideen, Erfolge und Vorhaben sollten Sie dann schnell notieren, bevor Sie das Licht ausschalten. Ein abendliches Zielbuchritual hat den großen Vorteil, dass es dem Unterbewusstsein die Gelegenheit verleiht, die Eindrücke im Schlaf zu verarbeiten. So kann mit dem Aufwachen plötzlich eine Problemlösung oder eine neue Idee in Ihren Kopf schießen.

Doch wann auch immer Sie sich im Alltag mit Ihrem Zielbuch beschäftigen möchten, Sie sollten es zu festen Zeiten tun. Gewöhnen Sie sich einfach an, darin zu blättern und zu schreiben, so oft es Ihnen in den Sinn kommt!

Natürlich kann ein Zielbuch nur seinen Zweck erfüllen, wenn es regelmäßig gepflegt wird. Dabei sollten unwichtig gewordene Notizen oder abgearbeitete Punkte abgehakt oder durchgestrichen werden. Auf der anderen Seite sollten Sie dafür sorgen, dass wirklich alle Notizen Ihre Ziele betreffend im Zielbuch landen. Durch diese Mühe findet man nicht nur alles an einem Ort gebündelt, sondern auch möglichst aktuell vor.

Allerdings sollten Sie sich mit dem Zielbuch auch nicht unter Druck setzen, schließlich soll die Arbeit damit Spaß machen. Wenn Sie also einmal nichts notieren oder keine Lust zum Schreiben haben, zwingen Sie sich nicht dazu. Vielleicht blättern Sie einfach einmal darin herum und lassen sich so auf neue Ideen bringen.

Eine schriftliche, kreative Auseinandersetzung mit Schwierigkeiten, Ideen, Gefühlen und Lösungsmöglichkeiten kann Ihnen dabei helfen, neue Wege zu Ihrem Ziel zu finden. Dies gilt insbesondere für die Zielplanung, für die es empfehlenswert ist, schriftliche Denkanstöße und Notizen zu nutzen.

Kapitel 8 Visualisierung von Zielen

Befasst man sich ausgiebig mit dem Thema „Zielerreichung" und stöbert man in einschlägiger Literatur, so stößt man immer wieder auf den Begriff der „Visualisierung". Eigentlich bedeutet dies nichts weiter, als dass man sich seine Ziele bildlich vorstellen soll. Doch bringt das Visualisieren wirklich etwas?

8.1 Der Sinn der Visualisierung von Zielen

Es kann tatsächlich förderlich sein, die eigenen Ziele zu visualisieren, um diese auch wirklich zu erreichen. Da das menschliche Gehirn zum großen Teil auf Bilder zurückgreift, ist es natürlich in keinem Fall falsch, eine bildhafte Vorstellung von einem Ziel zu haben. Je öfter man sich das gleiche oder ein ähnliches Bild vor Augen führt, desto mehr Kraft kann das Bild entwickeln. Entsprechend kann das bildhafte Vorstellen erheblich zum Erreichen eines Ziels beitragen.

Je intensiver Sie sich Ihr Ziel als inneres Bild vor Augen halten und dieses Bild mit Emotionen verbinden, desto effektiver wirkt das Visualisieren. Allerdings benötigen Sie ein gutes Maß an Glauben, um mit dem Visualisieren erfolgreich Ziele zu erreichen. Ein Bild allein bringt Sie nämlich kein Stück weiter, wenn Sie die entsprechenden Maßnahmen der Zielerreichung nicht einsetzen.

8.2 Visualisieren - wie funktioniert es?

Es gibt zahlreiche Möglichkeiten, um seinen Zielen Gedankenbilder zuzuordnen. Am Besten gelingt es dann, wenn Sie völlig entspannt sind. Deshalb sollten Sie sich zum Visualisieren an einen ruhigen Ort zurückziehen, an dem Sie nicht gestört werden. Machen Sie es sich erst einmal richtig bequem und atmen Sie ein paar Mal tief durch! Auch eine Entspannungsübung kann hilfreich sein, um in Stimmung und zur Ruhe zu kommen. In völliger Entspannung stellen Sie sich nun Ihre Wünsche und Ziele bildlich vor. Stellen Sie sich beispielsweise vor, dass Sie bereits am Steuer Ihres neuen Ferraris sitzen oder am Pool Ihrer Traumvilla liegen, je nachdem, welches Ziel Sie gerade visualisieren möchten. Gehen Sie dabei möglichst ins Detail und verknüpfen Sie die Bilder mit Emotionen! Spüren Sie beispielsweise die Sonne auf Ihrer Haut oder den Wind im Haar, wenn Sie in Ihrem Traumauto über die Straßen düsen! Je mehr Verknüpfungen von Bildern und Empfindungen Sie erstellen, desto klarer wird Ihr Gedankenbild und desto mehr Energie strahlt es aus.

Besonders gut eignet sich die Phase vor dem Einschlafen oder nach dem Aufwachen zum Visualisieren. Stellen Sie sich im Laufe des Tages immer wieder vor, wie es wäre, wenn Sie Ihr Ziel bereits erreicht hätten. Vergessen Sie aber nie, dass Sie Ihr Ziel allein mit der bildhaften Vorstellung nicht erreichen werden, sondern dass Sie schon auch noch etwas dazu tun müssen.

8.3 Zielalbum

Um die eigenen Ziele nicht aus den Augen zu verlieren und sich selbst immer wieder zu motivieren, ist die Visualisierung eine hervorragende Technik. Da man sich beim Visualisieren das Ziel in positiven Bildern vorstellt und auch positive Emotionen entwickelt, ergibt sich daraus eine hervorragende Motivation. Denn alles, was man sich bildhaft vorstellt, will man umso mehr besitzen.

Eine große Hilfe beim Visualisieren kann ein Zielalbum sein. Manchen Menschen fällt es nämlich schwer, sich ein Ziel als erreicht vorzustellen. Im Grunde ist ein Zielalbum nichts anderes als eine Sammlung von Bildern, die in das Zielbuch eingeklebt werden und die einen Bezug zu den persönlichen Zielen haben.

Dazu gehören beispielsweise Bilder:

- Von einem Häuschen im Grünen oder der Traumvilla am Strand, die man sich wünscht
- Ein Bild von dem Auto, das man sich leisten möchte, wenn man sein Ziel erreicht hat
- Möbel aus dem Katalog, mit denen man sein Eigenheim gerne einrichten würde
- Ein Bild vom offenen Kamin, den man gerne hätte
- Ein Bild von dem Pferd, das man sich zulegen möchte
- Und viele mehr…

Alle diese Bilder sammeln Sie in Ihrem Zielalbum, schauen Sie immer wieder an und visualisieren damit Ihre Ziele.

Kapitel 9. Motivation

Motivation und Begeisterung sind der Antrieb, mit dem sich der Mensch über den Weg zum Erfolg bewegt. Mangelt es an Motivation, so rücken Ziele meist in weite Ferne und werden so gut wie nie erreicht. Es ist daher wichtig, sich immer wieder selbst zu motivieren, um den nötigen Antrieb für den mühevollen Weg zum Erfolg zu finden.

Motivation in der täglichen Praxis

Jeden Tag können Sie sich selbst einen Gefallen tun und sich dazu motivieren, Ihre Ziele zu erreichen.

- Erzählen Sie Freunden, guten Bekannten, der Familie, Kollegen und, wer immer Ihnen noch in den Sinn kommt, von Ihrem Ziel! Menschen, die Ihnen Unterstützung geben, sind eine große Motivationsquelle, insbesondere, weil Sie den Anderen beweisen wollen, dass Sie Ihre Ziele auch erreichen können.

- Suchen Sie sich Personen, die das gleiche Ziel wie Sie verfolgen und gründen Sie eine Zielgemeinschaft! Gemeinsam lassen sich

Lösungen schneller finden und die konstruktive Kritik und Diskussionen können sehr motivierend sein.

- Protokollieren Sie Ihre Fortschritte! Selbst kleinste Teilerfolge können motivierend sein.

- Setzen Sie sich selbst Belohnungen aus! Wenn Sie ein Teilziel erreichen, gönnen Sie sich Ihre Belohnung und, damit Sie etwas haben, worauf Sie sich freuen können, stellen Sie sich vorab eine Belohnungsliste auf.

- Denken Sie immer positiv, denn nur so ist auch eine gute Motivation möglich!

- Visualisieren Sie auf Teufel komm heraus! Zu wissen, wie schön es sein wird, wenn Sie am Ziel ankommen, ist die größte Motivation, die Sie bekommen können.

Um Ihr Ziel zu erreichen, benötigen Sie kontinuierlich Motivationsnachschub. Schließlich steckt nicht in jeder Zielbeschreibung so viel Enthusiasmus und Begeisterung, dass man sich förmlich durchs Ziel tragen lassen kann.

Viele Menschen wünschen sich eine Veränderung in ihrem Leben. Sie wollen eine neue Richtung einschlagen und haben sich damit eigentlich bereits ein Ziel gesetzt. Allerdings bleibt es häufig bei dem Vorsatz, etwas zu verändern. Denn es auch zu tun, steht auf einem anderen Blatt. Und gerade dieses Tun fällt häufig besonders schwer, weil die Motivation und der Antrieb fehlen.

Lassen Sie es nie soweit kommen, dass Ihre Motivation auf den Nullpunkt sinkt! Natürlich werden Sie immer wieder einmal ein Motivationstief erfahren, denn niemand kann ständig auf vollen Touren laufen.

Kapitel 10 Coaching

Immer häufiger bieten Menschen anderen Menschen an, sie bei der Erreichung Ihrer Ziele zu coachen. In der Regel werden Coaching-Seminare oder Einzelcoachings angeboten, die in erster Linie eine große Investition darstellen. Denn der jeweilige Coach lässt sich seine Dienste häufig recht großzügig entlohnen.

Sofern ein Coaching-Seminar gut aufgebaut ist und der Coach ein Fachmann auf seinem Gebiet ist, ist das natürlich auch legitim und eine Investition lohnt sich. Doch leider ist im Bereich Coaching nicht alles wirklich für den eigenen Erfolg förderlich, sondern eher für den Erfolg des Coachs.

10.1 Sinn des Coachings

Ein Coach ist eine Person, die Sie auf dem Weg zu einem bestimmten Ziel begleitet, mit Ihnen Lösungsmöglichkeiten für eventuell auftretende Schwierigkeiten findet und Sie in Ihrer Zielerreichung durch konkrete Ratschläge unterstützt. Im Gegensatz zu einem Berater, der seinem Klienten konkrete Lösungen und Empfehlungen unterbreitet, unterstützt der Coach allerdings dabei, durch Hilfestellungen eigene Lösungsansätze zu erarbeiten.

Durch ein Coaching können die Selbstreflexion, die eigene Wahrnehmung und das Verhalten in bestimmten Situationen verbessert und gefördert werden. In der Regel ergibt sich ein nachhaltiger Lerneffekt daraus, sodass man in ähnlichen Situationen eigene Lösungsansätze finden wird, ohne ständig einen Coach zu Rate ziehen zu müssen.

Viele Personen, die in der Öffentlichkeit stehen wie Politiker, Sportler oder Show-Stars, leisten sich heutzutage einen persönlichen Coach. Auch zahlreiche Unternehmer und Führungskräfte greifen auf die Hilfe eines Coachs zurück.

Nun kann es diverse Gründe dafür geben, einen Coach zu engagieren. Im beruflichen Bereich kann ein Coaching zu einer Verbesserung der Leistungs- und Lernfähigkeit führen, das Erkennen der eigenen Stärken unterstützen, helfen, die Stärken zu forcieren, motivieren und zu Höchstleistungen anspornen. Für die weitere Entwicklung der ihm anvertrauten Personen ist in der Regel der Coach zuständig.

10.2 Arten des Coachings

Für ein professionelles Coaching sind gegenseitiges Vertrauen sowie eine individuelle Betreuung notwendig. Abhängig vom Ziel lassen sich diverse Arten des Coachings unterscheiden.

Ziele-Coaching

Unternehmen und Einzelpersonen benötigen für die Weiterentwicklung Ziele, die mit Hilfe des Coachs definiert werden. Der Coach bringt dem Coaching-Teilnehmer bei, welche Mittel er einsetzen kann, um seine Ziele zu erreichen.

Entwicklungs-Coaching

Im Entwicklungs-Coaching wird das Potenzial des Teilnehmers analysiert und gefördert. Der Teilnehmer erfährt, wie er seine eigenen Potenziale erkennen und diese entwickeln und ausbauen kann.

Werte-Coaching

Die Werte, die beispielsweise ein Unternehmen entwickelt, wirken sich auf den Unternehmenserfolg und auf das Betriebsklima aus. Der Coach unterstützt Unternehmer und Mitarbeiter darin, die entsprechenden Werte zu gestalten und nach außen zu trans-

portieren. Zu den Werten zählen unter anderem Qualität, Zuver-
lässigkeit, Kulanz, Innovation und Kundenfreundlichkeit. Der
Coach hilft dabei, die Werte zu etablieren, die für das Unternehmen ausschlaggebend sind. Ebenso können persönliche Werte
auch für Einzelpersonen wichtig sein.

Karriere-Coaching

Karriere-Coaching umfasst eigentlich ein Ziele-Coaching, welches allerdings auf die Karriere fokussiert. Personen, die die Karriereleiter erklimmen und sich beruflich weiter entwickeln möchten, erörtern mit dem Coach die aktuelle Situation sowie die beruflichen Möglichkeiten und finden Lösungen zur Umsetzung des
Karriereaufstiegs.

Kapitel 11. Individualität - ein spezieller Erfolgsfaktor

Wie Sie bei der Lektüre dieses Buches bereits festgestellt haben, ist persönlicher Erfolg genauso wenig in ein Schema zu pressen, wie Sie als Person es sind. Jeder Mensch ist einzigartig und genauso einzigartig ist der persönliche Erfolg. Wo für den einen bereits das Finden einer neuen Wohnung einen Erfolg darstellt, fängt Erfolg für den anderen erst bei einer fünfstelligen Summe auf dem Bankkonto an. So unterschiedlich wie die persönlichen Anforderungen und Wünsche der Menschen ans Leben sind, so verschieden und vielfältig sind auch die Formen des persönlichen Erfolgs.

Und das ist auch gut so! Ihre Individualität wird sich auf Dauer nämlich als ein echter Erfolgsfaktor erweisen. Versuchen Sie daher nie, andere nachzuahmen! Haben Sie den Mut, anders zu sein als andere.

Im Folgenden finden Sie eine kleine Geschichte zur Veranschaulichung des Erfolgsfaktors Individualität:

Stellen Sie sich eine Straße vor, auf der sich eine große Baustelle befindet. Auf dieser Straße spielte des Öfteren ein kleiner Junge und beobachtete fast täglich eine luxuriöse Limousine, der ein gut gekleideter Mann entstieg. Dieser inspizierte voller Stolz die Baustelle. Eines Tages nahm der kleine Junge all seinen Mut zusammen, sprach den Mann an und wollte wissen, wie auch er später einmal so erfolgreich werden könnte. Der Mann wunderte sich zwar kurz, gab dem kleinen Jungen aber bereitwillig eine Antwort auf seine Frage. *„Ich empfehle dir, es so zu machen wie ich. Als Junge habe ich als Lehrling in einer großen Baufirma angefangen. Siehst du all die Bauarbeiter, die den Wolkenkratzer bauen? Und dass sie alle blaue Arbeitshemden tragen?"* Der Junge bejahte. *„Gut, dann musst du einfach ein rotes Hemd anziehen, damit du auffällst und dein Chef wird sehr schnell auf dich aufmerksam werden. Du musst einfach anders sein als all die anderen. Natürlich musst du auch mehr leisten und besser arbeiten als die anderen, dann merkt dein Chef schnell, dass du dich von der Menge positiv abhebst."*

Diese kleine Geschichte bringt es auf den Nenner. Wer die Erfolgsleiter erklimmen will, der muss andere auf seine Leistungen und Stärken aufmerksam machen. Wer dabei allerdings in der Masse untergeht, hat nur geringe Chancen, seine wahre Leistung zu beweisen. Fragen Sie sich daher immer, was Sie besser können als Ihre Konkurrenten und stellen Sie genau dieses Merkmal deutlich heraus! Zeigen Sie offen, dass Sie anders sind als die Millionen Anderen, die genau das Gleiche tun wie Sie, nur nicht so gut wie Sie. Wenn Ihnen das gelingt, dann sind Sie auf dem besten Weg zum Erfolg.

Versuchen Sie nur nicht, es jedem Menschen recht zu machen, denn dies ist eine Kunst, die auf der Welt kein Mensch beherrscht. Zwar ist die Versuchung, es allen recht machen zu wollen, sicherlich groß. Doch egal, wie umsichtig Sie auch vorgehen, es wird immer einen geben, der Ihre Handlungen missbilligt oder missversteht.

Angenommen, der Erfolg hat bereits an Ihre Tür geklopft und Sie können freizügig mit Ihrem Geld umgehen, so werden einige Sie als verschwenderisch bezeichnen. Halten Sie aber in der gleichen Situation Ihr Geld zusammen, so werden wieder einige Sie als Geizhals bezeichnen. Sie werden feststellen, dass Sie, ganz gleich, was Sie tun, immer Befürworter und Gegner finden werden. Einmal mehr, einmal weniger. Doch wen interessiert es eigentlich, was andere denken, solange Sie selbst das Gefühl haben, mit Ihrem Handeln glücklich zu sein.

Für Ihren Erfolg und Ihre Ziele bedeutet dies, dass Sie ganz genau hinschauen sollten, ob Ihre Ziele auch wirklich auf dem eigenen Mist gewachsen sind oder ob Sie womöglich die Ziele anderer verwirklichen wollen. Denn eines ist sicher: mit vorgegebenen Zielen, mit denen Sie sich nicht wirklich identifizieren können, werden Sie im Leben niemals einen Erfolg erzielen. Leben Sie daher für Ihre eigenen Ziele.

Nehmen Sie sich die vielen Kinder zum Beispiel, die in die Fußstapfen ihrer erfolgreichen Eltern treten sollen, obwohl die eigenen Interessen der Kinder ganz woanders liegen. Diese Kinder erreichen im Leben mit viel Mühe vielleicht einen durchschnittlichen Standard, doch wirklich erfolgreich werden sie den Beruf ihrer Vorfahren wohl nicht ausüben. Ganz einfach, weil er ihnen nicht liegt. Wer etwas nur tut, weil es von ihm erwartet wird, braucht sich über Erfolg eigentlich keine Gedanken machen.

In unserem Bekanntenkreis gibt es einen Jungen, der den gleichen Beruf wie sein Vater erlernt hat. Brav wie er war, wurde er Dachdecker und das trotz Höhenangst. Und das nur aus einem Grund: Weil der Vater, der Opa und der Uropa schon in diesem Job tätig waren. Eigentlich wäre der Sohn viel lieber Automechaniker geworden, aber der familiäre Druck ließ ihn seinen Traum schnell vergessen. Er übernahm also irgendwann die Dachdeckerfirma von seinem Vater und ging Pleite. Natürlich galt er jetzt als der Loser der Familie, doch er selbst fühlte sich einfach nur befreit. Etwas spät, aber Gottlob nicht zu spät, machte der Loser eine Umschulung zum Automechaniker. Nur ein Jahr später hatte er bereits seine eigene Werkstatt und beschäftigt heute 50 Mitarbeiter.

Sie sehen: wenn Sie erfolgreich sein wollen, müssen Sie sich selbst treu bleiben. Lassen Sie sich nicht von anderen in eine bestimmte Richtung drängen, die meist weit von Ihren eigenen Vorstellungen entfernt ist. Schließlich können Sie nicht das Leben eines Anderen leben, genauso wenig wie ein anderer Ihr Leben leben kann. Lösen Sie sich von den Erwartungen der anderen und gehen Sie Ihren eigenen Weg in Richtung Erfolg!

Kapitel 12 Nachwort

Grundsätzlich wird jeder Mensch mit unterschiedlichen Veranlagungen geboren, die ihm persönlich ein glückliches und erfolgreiches Leben ermöglichen sollen. Leider vergessen die meisten Menschen mit den Jahren und der Prägung durch ihre Umwelt, welche positiven Eigenschaften die Natur ihnen mitgegeben hat.

Insbesondere in der Schulzeit wird eine Prägung vorgenommen, die dazu führt, dass die Menschen ihre eigenen Stärken in den Hintergrund schieben. Hier müssen Sie nur gegen ihre Schwächen ankämpfen. Warum auch an den Stärken arbeiten, die ja ohnehin bereits vorhanden sind? Andere Menschen stellen die Weichen und produzieren Erfolgsmenschen sowie Loser. Zu welcher Gruppe man später gehört, ist reine Glückssache. Es kommt einfach immer darauf an, welche Stärken gerade gefragt sind.

Hat man Glück, wird man von der Gesellschaft genau in die Richtung geschubst, die einem selbst liegt und die eigenen Veranlagungen fördert. Dann wird man erfolgreich und kann sich freuen. Hat man allerdings Pech, dann muss man etwas verkörpern, was die Natur eigentlich anders vorgesehen hatte. Man wird in eine Richtung bugsiert, die den eigenen Veranlagungen und Fä-

higkeiten entgegenarbeitet. Und prompt ist man auf der Verlierer-
straße gelandet, obwohl man eigentlich von der Natur für ein erfolgreiches Leben vorgesehen war.

Nun hat man seine Kindheit, in der man selbst ja kaum Entscheidungen treffen darf, endlich hinter sich gebracht. Man hofft in-
ständig, dass man nun die eigenen Ziele verwirklichen kann und
scheitert kläglich. Warum? Weil man in der Kindheit vom neut-
ral, erfolgreichen Menschen zum Loser umprogrammiert wurde.
Mit jedem Scheitern wird es nun schwerer, auf den rechten Weg
zum Erfolg zurückzukehren. Aber die natürlichen Ressourcen
sind nicht verloren, sondern nur verschüttet. Daher ist es nie zu
spät, sie wieder auszugraben.

Deshalb sollten Sie nach der Lektüre dieses Buches unmittelbar
mit dem Buddeln nach Ihren ureigenen, von der Natur vorgegebenen Erfolgsgenen beginnen. Graben Sie Ihre Stärken wieder
aus, bauen Sie Ihr Selbstbewusstsein wieder auf, sagen Sie sich
los von den falschen Lehren Ihrer Kindheit und besinnen Sie sich
auf den von Ihnen gewünschten Lebensweg. Kehren Sie zurück
auf den Ihnen vorbestimmten Erfolgsweg und werden Sie ein
Erfolgsmensch.

In kleinen Schritten werden Sie es schaffen, sich auf den Weg zu machen. Einzig der erste Schritt ist wie bei allem im Leben der Schwerste. Denn wenn Sie einmal damit begonnen haben, Ihren Erfolg zu planen und die ersten Hürden zu nehmen, werden Sie feststellen, dass es eigentlich ganz einfach ist. Wichtig ist nur, dass Sie den richtigen Weg einschlagen. Den Weg, der zur Erfüllung Ihrer ganz persönlichen Wünsche, Träume und Ziele führt. Den Weg, der Ihre Bedürfnisse befriedigt und nicht die der Anderen. Schlagen Sie den Weg ein, den die Natur von Anfang an für Sie vorgesehen hat.

Besorgen Sie sich gleich jetzt Ihren persönlichen Business-Organizer und gehen Sie den ersten Schritt in Richtung Erfolg.

Planen Sie noch heute die ersten Schritte, die Sie gehen müssen, um Ihre Ziele zu erreichen! Dieses Buch sollte Ihnen die nötigen Anhaltspunkte liefern, um Ihre Ziele für alle Lebensbereiche stecken zu können. Gehen Sie planvoll ans Werk und notieren Sie Ihre persönlichen Ziele in Ihrem Business-Organizer!

Sie werden sehen, wie schnell die Ideen aus Ihnen herausprudeln, wenn Sie sich gezielt mit Ihren Wünschen auseinandersetzen. Beginnen Sie erst einmal zu schreiben, so ergibt sich ein nicht enden wollender Fluss von Ideen, die es nur noch umzusetzen gilt, um an Ihr Endziel zu gelangen.

Natürlich können wir bei einem so individuellen Thema wie Ihrem Erfolg nur Anregungen dazu geben, wie Sie auf den richtigen Weg gelangen. Welche der vorgestellten Maßnahmen in Ihrem speziellen Fall Wirkung zeigen werden, hängt von Ihrer persönlichen Ausgangssituation ab. Jedoch bietet Ihnen jedes einzelne Kapitel dieses Buches Denkanstöße, die Sie auf Ihrem persönlichen Erfolgsweg unterstützen können.

Bitte vergessen Sie niemals, dass kein Erfolgstrainer und kein Buch zum Thema Erfolg Ihnen Ihre Arbeit abnehmen kann. Wir können Ihnen nur den Weg weisen. Gehen und Ausführen müssen Sie allerdings alleine. Zudem gibt es kein allgemeingültiges Rezept für Erfolg, sodass Sie immer ein wenig herum experimentieren und herausfinden müssen, welche Hilfestellungen dieses Buches für Sie praktikabel und effektiv sind und welche nicht. Wir können Ihnen nur unsere eigenen Erfahrungen an die Hand geben, um Ihnen bei der Umsetzung Ihrer Ziele behilflich zu sein.

Ihre Fähigkeiten auf Ihre Ziele abzustimmen, Ihre Individualität zu bewahren, planvoll vorzugehen und immer am Ball zu bleiben

- darin liegt das eigentliche Geheimnis Ihres persönlichen Erfolges. Darum lassen Sie sich nicht beirren und passen Sie Ihre Zielplanung nur Ihren eigenen Bedürfnissen an! Vor allen Dingen hören Sie nicht auf die ewig Gestrigen in Ihrer Umgebung, die davon überzeugt sind, dass Sie es sowieso nicht schaffen werden. **Glauben Sie an sich** und seien Sie sicher: mit der nötigen Hartnäckigkeit werden auch Sie es schaffen, sich aus dem Teufelskreis zu befreien.

Ziele, die man sich gesetzt hat, haben es so an sich, dass Sie sich nicht mehr verrücken lassen. Den Weg können Sie variieren, doch an den Zielen ändert sich selten im Leben etwas. Selbst wenn Sie einmal falsch abbiegen, wird es immer wieder eine Auffahrt zurück auf die Straße des Erfolges geben. Machen Sie ruhig einmal einen Umweg, der Erfolg hat Zeit. Schnelle Erfolge sind häufig Eintagsfliegen, doch woran Sie arbeiten wollen, ist eine langfristige Verbindung. Da kommt es auf eine Umleitung oder einen Stau nicht an.

Insbesondere wenn Sie jahrelang Ihre Zeit mit unnützen Versuchen verbracht haben, um anderen Menschen zu gefallen, sollten Sie es mit der Erreichung des Endziels jetzt nicht so eilig haben.

Nehmen Sie ruhig einmal den Fuß vom Gas, denn wer rast, sieht häufig die schöne Erfolgslandschaft nicht mehr.

Wir hoffen, dass Sie einen, wenn nicht sogar mehrere der Wegweiser nutzen können, um am nächsten Abzweig wieder auf die Erfolgsautobahn auffahren zu können. Auch wenn Sie am Anfang nur im Schneckentempo vorankommen sollten, der nächste Stau Sie zur Rast zwingt, die nächste Baustelle Ihnen Zeit raubt und Sie an der nächsten Tankstelle erst wieder Motivation tanken müssen, am Ende werden Sie mit Hilfe der Wegweiser die Ziellinie erreichen. Wir wünschen Ihnen allseits gute Fahrt auf dem Weg zu Ihrem Erfolg!

Wertvolle Zusatzinformationen zum Business Organizer als unverzichtbares Werkzeug für Ihren Erfolg

Dieses Paket besteht aus:

- 364 nicht datierten Tagesblätter individuell einsetzbar (1 Tag = 1 Seite)
- 52 Wochenblätter
- 9 Zielsetzungsblätter
- 3 Visionsblätter
- 2 Jahreskalender (2014 - 2015)
- 10 Notizblätter
- 6-fach Register

Ab sofort in den folgenden Shops erhältlich:

www.schreibbuero-und-lektorat-manuela-aberger.at
www.amazon.de
www.ebay.de
http://manuelaaberger4.wix.com/business-organizer

Wir freuen uns auf Sie und darauf, Sie auf dem Weg zu Ihrem Erfolg begleiten zu dürfen. Bei Fragen zum Buch oder zum Thema Erfolg im Allgemeinen stehen wir Ihnen selbstverständlich jederzeit zur Verfügung.